Déjà parus dans la collection Médecine familiale

Comprendre l'arthrite
Comprendre l'asthme
Comprendre l'eczéma
Comprendre l'hystérectomie
Comprendre l'incontinence
Comprendre l'infertilité
Comprendre l'ostéoporose
Comprendre la chirurgie de la hanche et du genou
Comprendre la glande thyroïde
Comprendre la grossesse
Comprendre la haute et la basse pression sanguine
Comprendre la maladie d'Alzheimer et la démence
Comprendre la ménopause
Comprendre la prostate
Comprendre le cancer
Comprendre le cholestérol
Comprendre le diabète
Comprendre le parkinson
Comprendre le psoriasis
Comprendre le stress
Comprendre le syndrome du côlon irritable
Comprendre les aliments et la nutrition
Comprendre les allergies
Comprendre les effets du soleil sur la peau
Comprendre les maladies cardio-vasculaires
Comprendre les maladies infantiles
Comprendre les maux de dos
Comprendre les migraines
Comprendre les problèmes intestinaux
Comprendre les symptômes génitaux féminins
Comprendre les troubles alimentaires
Comprendre les ulcères et les problèmes d'estomac
Comprendre les varices
Comprendre vos yeux et les problèmes de vision

Comprendre le cancer du sein

Professeur Mike Dixon

MODUS VIVENDI

IMPORTANT

Ce livre ne vise pas à remplacer les conseils médicaux personnalisés, mais plutôt à les compléter et à aider les patients à mieux comprendre leur problème.

Avant d'entreprendre toute forme de traitement, vous devriez toujours consulter votre médecin.

Il est également important de souligner que la médecine évolue rapidement et que certains des renseignements sur les médicaments et les traitements contenus dans ce livre pourraient rapidement devenir dépassés.

L'édition originale de cet ouvrage est parue chez Family Doctor Publications sous le titre *Understanding Breast Cancer*

LES PUBLICATIONS MODUS VIVENDI INC.
55, rue Jean-Talon Ouest, 2e étage
Montréal (Québec) H2R 2W8
CANADA
www.groupemodus.com

Directeur éditorial : Marc Alain
Traduction française : Marielle Gaudreault

ISBN 978-2-89523-661-0

Dépôt légal – Bibliothèque et Archives nationales du Québec, 2011
Dépôt légal – Bibliothèque et Archives Canada, 2011

Nous reconnaissons l'aide financière du gouvernement du Canada par l'entremise du Fonds du livre du Canada pour nos activités d'édition.

Gouvernement du Québec – Programme de crédit d'impôt pour l'édition de livres – Gestion SODEC

Imprimé en Chine

Table des matières

Remerciements de l'auteur

Je remercie mes patients, qui m'ont inspiré et qui continuent de le faire. Je souhaite aussi remercier Kirsty Birrel, qui s'est révélée une collaboratrice hors pair pour les soins aux patients. J'aimerais de plus souligner le soutien de Carol Lindays et de Mandy Stewart dans la recherche de cas de mammographies à inclure dans cet ouvrage. Merci à mon épouse Pam et à mes fils Oliver et Jonathan d'avoir accepté sans rechigner de me voir consacrer de longues heures à la rédaction de ce livre. Merci également à Ian Mauritzen, qui gère avec art mon emploi du temps tout en s'assurant de ma productivité. Enfin, et surtout, j'offre mes sincères remerciements à Monica McGill, dont la collaboration majeure à ce livre n'a pas seulement rendu compréhensibles mon charabia et mes ébauches, mais a aussi donné vie à mon message.

À propos de l'auteur

Mike Dixon est chirurgien consultant et professeur de chirurgie à la Clinique du sein d'Édinbourg. Il est également directeur clinique au module de recherche *Breakthrough* de l'Université d'Édinbourg. Il œuvre dans la plus importante clinique du sein du Royaume-Uni à Édinbourg où il jouit d'une clientèle gigantesque. Il est l'auteur de plus de 16 ouvrages et de plus de 250 articles.

Il est reconnu nationalement comme l'un des plus grands chirurgiens du sein. Premier rédacteur en chef de la revue *The Breast,* il a fait partie du premier conseil d'administration du *British Medical Journal.* Il a également été responsable rédactionnel de la partie traitant du cancer du sein pour le *Clinical Evidence* que les patients ont maintenant la possibilité de consulter.

Le professeur Dixon fait présentement office de consultant médical pour les dépliants informatifs publiés par le *Breast Cancer Care* et le *Macmillan Cancer Relief*. Il est aussi un conférencier très recherché et participe à tous les colloques d'importance traitant du cancer du sein à travers le monde. Il est également co-président de la conférence annuelle de Miami sur le cancer du sein.

Il a d'abord travaillé pendant 15 mois au sein du service de santé public du Royaume-Uni en tant que commissionnaire dans la ville de Sheffield avant d'entreprendre des études en médecine. Il a également été infirmier auxiliaire pendant deux périodes de trois mois. Sa grande expertise jumelée à son approche terre à terre en fait l'interlocuteur idéal pour répondre à vos questions concernant le cancer du sein.

Introduction

Le cancer du sein est-il fréquent ?

Le cancer du sein est le type de cancer le plus répandu chez les femmes. En 2010, 23 380 cas sont apparus au Canada et plus d'un million à travers le monde.

Bien que le cancer du sein soit beaucoup plus répandu chez les femmes, il peut aussi affecter les hommes, et, au Canada, environ 180 hommes ont développé un cancer du sein en 2010. Environ 23 200 femmes ont également développé un tel cancer en 2010. Une femme sur neuf sera atteinte du cancer du sein à un moment donné dans sa vie.

Cet ouvrage traite des causes possibles, du dépistage et des symptômes du cancer du sein ainsi que de son diagnostic et de ses traitements. Les hommes et les femmes qui ont reçu un diagnostic de cancer du sein ont aujourd'hui de meilleures chances de guérir et de survivre à ce cancer.

Comment les seins se développent-ils ?

Les seins commencent à se développer quelques semaines après que l'embryon se soit formé dans l'utérus. Au sixième mois de grossesse environ, certaines cellules se développent vers l'intérieur pour devenir les mamelons du bébé et former les glandes mammaires. À la naissance du bébé, la structure de base des seins est en place.

Chez la plupart des filles, les seins se développent entre 9 et 11 ans, mais ce processus peut débuter avant ou après. Même lorsque les seins sont complètement développés, ils ne peuvent à cette étape produire du lait. Il est aussi courant pour les garçons de constater une certaine croissance de leurs seins pendant la puberté. Ce qui peut s'avérer embarrassant, mais cette croissance est habituellement temporaire et, dans 80 % des cas, elle se résorbe en un an ou deux.

Pendant la grossesse, les seins de la femme augmentent en taille et deviennent deux fois plus lourds alors que les cellules productrices de lait et que le système de conduits où circule le lait se multiplient. Les mamelons deviennent plus foncés pendant la grossesse et les vaisseaux sanguins qui affleurent sous la peau deviennent plus apparents. Tous ces changements sont le résultat des diverses hormones produites au cours de la grossesse et la plupart d'entre eux sont temporaires.

De quoi se compose le sein ?

Pour mieux comprendre, comparons l'intérieur du sein à un arbre à l'envers. Les feuilles de l'arbre « sein » sont des lobules. Ces lobules produisent du lait qui circule à travers les branches de l'arbre « sein », formant ainsi un réseau de petits conduits. Ceux-ci s'assemblent pour former 12 ou 15 plus grands conduits qui se déversent à la surface du mamelon. Le mamelon étant l'équivalent du tronc de l'arbre.

Tout comme les arbres, le réseau des branches (conduits) du sein est irrégulier et complexe, sans agencement en segments symétriques comme par exemple dans une orange.

Anatomie d'un sein féminin

Le sein peut se visualiser comme un arbre à l'envers. Les feuilles de l'arbre sont les lobules et le tronc, le mamelon.

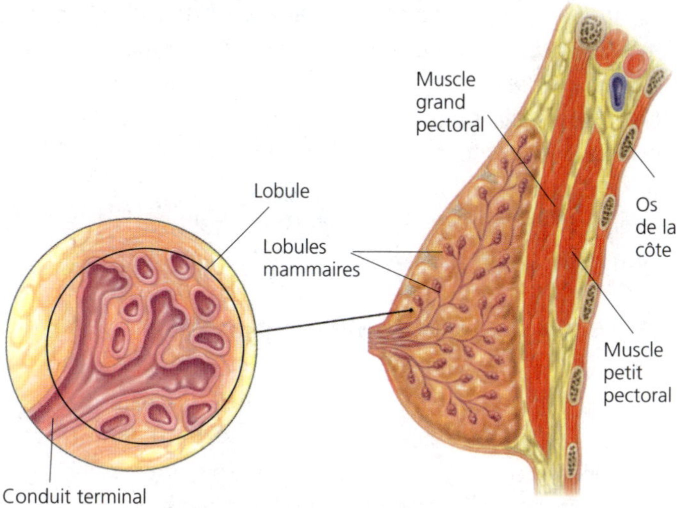

Gros plan d'un lobule mammaire **Coupe transversale du sein**

Le sein est aussi constitué de vaisseaux sanguins et lymphatiques. Les vaisseaux lymphatiques transportent un liquide clair appelé la lymphe, des tissus mammaires jusqu'aux ganglions lymphatiques situés près du sein. Les ganglions qui drainent la plus grande partie de la lymphe en provenance des seins sont situés dans la région de l'aisselle et on les appelle les ganglions axillaires. Une petite partie de la lymphe circule vers l'intérieur, dans les ganglions situés sous le sternum.

Les ganglions lymphatiques occupent une place importante dans le système de défense de l'organisme en s'attaquant aux bactéries, aux cellules cancéreuses et autres substances nocives. Les cellules cancéreuses qui circulent dans les canaux lymphatiques peuvent pénétrer dans les ganglions lymphatiques où la croissance de certaines d'entre elles aura pour effet de faire enfler les ganglions.

L'espace compris entre les branches de l'arbre « sein » est tapissé de gras, ce qui donne aux seins un toucher si moelleux. Les seins d'une femme sont rarement de la même grosseur et change de texture selon le cycle menstruel. Ils enflent et deviennent souvent sensibles durant la semaine qui précède les menstruations. Plus la femme prend de l'âge et plus la quantité de tissus mammaires se réduit et est remplacée par du tissu adipeux, ce qui rend la texture des seins encore plus douce.

Qu'est-ce que le cancer du sein ?

La croissance des cellules dans l'organisme est soigneusement contrôlée pour que le nombre de cellules produites soit égal au nombre de cellules qui meurent. Le cancer se produit lorsque les cellules croissent ou se divisent à un rythme plus rapide que la normale, échappant ainsi aux mécanismes qui règlent la croissance des cellules.

Ce qui a pour effet de développer une masse cancéreuse (tumeur primaire) dont les cellules continueront à grossir et à se diviser si elle n'est pas soignée.

Les kystes au sein sont courants et ne sont pas forcément cancéreux. Environ un kyste sur huit est cancéreux et les autres ne mettent pas la vie en danger et ne se propageront pas aux autres régions du corps. Ce sont des kystes bénins. La chirurgie pour enlever le cancer est le traitement le plus courant dans le cas du cancer du sein.

Si la masse continue à grossir, certaines des cellules peuvent acquérir la capacité de migrer vers d'autres régions de l'organisme où elles formeront des tumeurs secondaires. Ce sont des métastases.

La formation d'une tumeur

Une tumeur cancéreuse débute par une seule cellule. Si cette cellule n'est pas détruite par le système immunitaire de l'organisme, elle se divisera en deux, puis en quatre, et ainsi de suite.

Cellule cancéreuse — Première division — Deuxième division

Les cellules cancéreuses peuvent se propager par le réseau lymphatique et rejoindre d'autres ganglions lymphatiques où ces cellules continueront de croître jusqu'à ce que les ganglions enflent et présentent une masse palpable sous le bras par exemple.

Si un cancer est détecté dans les ganglions lymphatiques, il peut être retiré par la chirurgie ou par la radiothérapie, qui est efficace pour détruire les cellules cancéreuses.

Les cellules peuvent aussi envahir les vaisseaux sanguins, et les cellules qui pénètrent dans le flux sanguin peuvent être à l'origine de nouvelles masses (métastases) dans diverses régions de l'organisme.

Si des cellules cancéreuses se mettent à proliférer dans une région importante comme les poumons, le foie, le cerveau ou dans les os, elles provoqueront divers symptômes et problèmes en enrayant le fonctionnement normal de l'organe en question.

Les traitements pour un cancer qui s'est propagé à d'autres régions de l'organisme incluent habituellement une forme de chimiothérapie qui traite le cancer où qu'il soit dans l'organisme. La radiothérapie peut être jumelée à la chimiothérapie pour traiter les régions de l'organisme où les cellules cancéreuses sont en croissance.

POINTS CLÉS

- La plupart des masses dans les seins sont sans gravité.
- Le cancer est la croissance incontrôlée d'un groupe de cellules.
- Un autre terme pour désigner le cancer est l'expression *tumeur maligne*.
- Si les cellules d'une tumeur maligne ne sont pas soignées, elles continueront à se multiplier et éventuellement envahiront d'autres tissus.
- Pendant que le cancer continue à croître, certaines cellules cancéreuses peuvent se détacher de la tumeur et pénétrer dans le flux sanguin ou dans le réseau lymphatique; ce qui aura pour effet de propager les cellules cancéreuses loin de la tumeur primaire pour former de nouvelles tumeurs secondaires dans d'autres organes – ce sont des métastases.
- Les cellules cancéreuses qui pénètrent dans le réseau lymphatique sont parfois détectables sous forme de masse dans les ganglions axillaires.
- Même si le cancer s'est propagé, il peut être soigné.

Qui risque de développer un cancer du sein ?

Quelle est la probabilité que je sois atteinte d'un cancer du sein ?

Personne ne sait pourquoi certaines personnes développent un cancer du sein et d'autres, pas. Ce qui est clair, c'est que les blessures comme les coups, les ecchymoses, les atteintes au sein ne causent pas le cancer, et il est impossible d'attraper le cancer d'une personne qui en est atteinte.

Plusieurs facteurs déterminent qui sera atteint du cancer du sein et l'estimation de ce risque sur le plan personnel est loin d'être simple. La plupart des femmes ont peu ou pas de contrôle sur la plupart des facteurs importants de risque. Les recherches montrent que certains facteurs de risque font en sorte que certaines femmes ont plus de chance de développer un cancer du sein que les autres.

Un facteur de risque est un paramètre qui augmente la probabilité de développer une maladie donnée. Les experts ont identifié les facteurs qui semblent faire en sorte qu'une femme risque davantage d'être atteinte d'un cancer du sein. Toutefois, même si vous êtes affectée par plusieurs de ces facteurs, vous ne serez pas nécessairement atteinte d'un cancer du sein et, à l'inverse, même si vous n'avez aucun facteur de risque, vous pouvez malheureusement en être atteinte.

Facteurs de risque

Être de sexe féminin

Le fait d'être de sexe féminin est un risque certain de développer un cancer du sein puisque plus de 99 % de tous les cancers du sein affectent les femmes. Le cancer du sein chez les hommes est très rare, moins d'un cancer du sein sur 200 affectent les hommes. Au Canada, environ 23 200 nouveaux cas de cancer du sein ont affecté les femmes en 2010 en comparaison de 180 nouveaux cas de cancer du sein chez les hommes.

Âge

Le risque de contracter le cancer du sein augmente avec l'âge. Les femmes plus âgées courent plus de risques – le cancer du sein est rare chez les femmes âgées de moins de 40 ans. Plus de 80 % des cancers du sein affectent des femmes de plus de 50 ans et 40 % des femmes atteintes du cancer du sein ont 70 ans et plus.

Estimation du risque de développer un cancer du sein par groupe d'âge

Groupe d'âge	Nombre de femmes atteintes du cancer du sein
Jusqu' à 25	1 sur 15 000 femmes
De 25 à 30	1 sur 1 900 femmes
De 30 à 40	1 sur 200 femmes
De 40 à 50	1 sur 50 femmes
De 50 à 60	1 sur 23 femmes
De 60 à 70	1 sur 15 femmes
De 70 à 80	1 sur 11 femmes
De 80 à 85	1 sur 10 femmes
Femmes (tous âges confondus)	1 sur 9 femmes

Antécédents familiaux

Moins d'une femme sur 10 (10 %) atteinte du cancer du sein l'est parce qu'elle a hérité d'une anomalie génétique quelconque qui la prédispose à ce type de cancer.

Femme avec antécédents familiaux de cancer du sein

Tout le monde possède deux copies de chaque gène – vous héritez d'une copie de chaque gène de votre mère et de chaque gène de votre père. Même si votre mère a eu le cancer du sein et est porteuse d'un gène anormal, seulement une des deux copies de ce gène est anormale et l'autre copie fonctionne normalement.

Ce qui signifie que chaque enfant dont la mère est porteuse d'un gène anormal a 50 %, soit une chance sur deux, d'avoir hérité d'un gène normal et 50 %, soit une chance sur deux, d'avoir hérité d'un gène défectueux.

Donc, même si votre mère est porteuse d'une défectuosité génétique, il n'est pas certain que vous en hériterez.

Les femmes qui ont un risque accru de contracter le cancer du sein parce qu'il semble qu'un gène anormal soit à l'œuvre dans leur famille sont identifiables parce que :

- plusieurs membres de leur famille sont atteints du cancer du sein;
- les membres de la famille ont développé le cancer du sein avant l'âge de 50 ans; plus le cancer du sein est contracté tôt dans la vie et plus grand est le risque que celui-ci soit dû à une anormalité génétique;
- les membres de la famille ont eu le cancer des deux seins ou ont été atteints d'autres types de cancer tôt dans la vie, tout particulièrement le cancer des ovaires (chez les femmes) et le cancer du colon et de la prostate (chez les hommes).

Il existe plusieurs façons d'identifier les femmes qui sont plus à risque (voir encadré ci-dessous). Il est possible pour un petit nombre de femmes d'effectuer un test génétique pour savoir si elles sont porteuses d'un gène anormal qui les rend plus susceptibles de développer un cancer du sein

Cancer du sein familial

Critères pour identifier les femmes les plus à risque

Les catégories suivantes identifient les femmes qui ont trois fois ou plus de risques de contracter un cancer du sein que la moyenne et qui pourraient bénéficier d'un dépistage précoce et systématique.
Une femme qui a :

- un membre de la famille immédiate avec un cancer du sein bilatéral ou un cancer du sein et des ovaires; **ou**
- un membre de la famille immédiate avec le cancer du sein diagnostiqué avant l'âge de 40 ans ou un homme, membre de la famille immédiate, avec un diagnostic de cancer du sein à n'importe quel âge; **ou**
- deux parents du premier ou deuxième degré avec un cancer du sein diagnostiqué avant l'âge de 60 ans ou avec un cancer des ovaires à n'importe quel âge dans la même famille;
- trois membres de la parentèle (du premier ou deuxième degré) qui ont le cancer du sein et le cancer des ovaires dans la même famille.

Une parente au premier degré est une mère, une sœur ou une fille.

Un parent au premier degré est un père, un frère ou un fils.

Une parente au deuxième degré est une grand-mère, petite-fille, une tante ou une nièce.

Cancer du sein familial (suite)

Critère pour identifier les femmes à très haut risque et qui pourraient bénéficier d'un dépistage génétique du cancer du sein

- Les familles dont quatre membres et plus sur trois générations ont été affectés par un cancer soit du sein, soit des ovaires, incluant une personne vivante qui en est affectée.

Dans plusieurs pays, les femmes ayant des antécédents familiaux peuvent passer un test de dépistage plus tôt ou plus souvent que les personnes dont le risque est moyen.

Traitement récurrent pour le cancer du sein

Les femmes qui auront développé le cancer dans un sein sont plus disposées que la population en général à contracter un cancer dans l'autre sein. Chaque année, entre 4 et 6 femmes sur 1 000 qui ont eu le cancer dans un sein contracteront le cancer dans l'autre sein.

C'est pour cette raison que ces femmes doivent être suivies toute leur vie et passer régulièrement des tests de dépistage comme les mammographies (radiographies des seins). Les hormones utilisées pour soigner le cancer du sein réduisent le risque de développer un autre cancer du sein d'environ 50 %.

Affections bénignes du sein

La plupart des affections bénignes (non cancéreuses) du sein n'augmentent pas de façon significative le risque de développer le cancer du sein, incluant les kystes et les fibromes chez les jeunes femmes.

Certaines femmes qui ont eu une affection non cancéreuse impliquant une prolifération de leurs cellules mammaires (hyperplasie) différentes des cellules normales (atypiques), appelée hyperplasie atypique, ont un risque plus élevé de contracter le cancer du sein.

Cette affection est habituellement diagnostiquée suite à une biopsie pratiquée sur une bosse ou sur une masse anormale détectée lors d'une mammographie. Les femmes atteintes de cette affection doivent être examinées de façon régulière.

Menstruation et reproduction

Plus une femme est âgée lorsqu'elle a son premier enfant et plus elle risque de développer le cancer du sein. Avoir un enfant très jeune (moins de 20 ans) protège contre le cancer du sein. Une femme qui accouche de son premier enfant lorsqu'elle est âgée de plus de 34 ans court un risque plus grand de développer le cancer du sein plus tard dans sa vie qu'une femme qui n'a jamais eu d'enfant.

Les femmes qui ont eu leurs premières règles très jeunes (moins de 12 ans) ou qui ont leur ménopause tardivement (après l'âge de 55 ans) ont un risque légèrement plus grand de développer le cancer du sein.

Pilule anticonceptionnelle

Le risque de développer le cancer du sein pour une femme qui prend la pilule anticonceptionnelle est très légèrement accru. Toutefois, comme le risque en général de développer le cancer du sein est minime chez les jeunes femmes, le risque accru lié à la prise de la pilule anticonceptionnelle est excessivement négligeable et n'est pas important sur le plan clinique. Tout risque associé à la prise de la pilule est temporaire et disparaît rapidement lorsqu'une femme cesse de prendre la pilule.

Hormonothérapie de substitution

Les femmes qui suivent une hormonothérapie de substitution (HTS), particulièrement une combinaison d'estrogène et de progestagène, ont un risque accru de développer le cancer du sein.

Le risque de développer le cancer du sein augmente avec le nombre d'années d'utilisation. Les risques associés à l'utilisation d'une hormonothérapie constituée d'estrogène seulement sont beaucoup moins grands que ceux associés à la combinaison d'estrogène et de progestagène.

Bien que l'HTS soit efficace pour contrer les symptômes de la ménopause comme les bouffées de chaleur et les sueurs nocturnes et assure une protection contre l'ostéoporose (fragilisation des os), il est inquiétant de constater que son usage augmente le risque d'apoplexie et d'embolie ainsi que celui de contracter le cancer du sein.

L'HTS peut être utilisée pour amoindrir les symptômes de la ménopause comme les bouffées de chaleur, la sécheresse vaginale et la perte de concentration, mais elle doit impérativement être prescrite à la plus petite dose efficace et pour la plus courte période de temps donnée (deux à trois ans).

Un des problèmes qu'engendre l'HTS est que, lorsque les femmes en cessent l'emploi, les symptômes de la ménopause refont surface. Ce qui porte à croire qu'on ne peut prévenir les symptômes de la ménopause avec l'HTS; tout ce que l'on réussit à faire est de reporter ces symptômes à plus tard.

La tibolone comme solution de rechange à la combinaison d'estrogène et de progestagène

La tibolone est un médicament intéressant qui est utilisé pour amoindrir les symptômes de la ménopause.

C'est un type d'HTS qui ne contient pas d'estrogène. La tibolone imite les effets de l'estrogène en diminuant les symptômes de la ménopause et en protégeant les os.

Elle ne peut être prise que par les femmes qui sont vraiment ménopausées, c'est-à-dire qui n'ont plus de règles depuis au moins un an.

Les études examinant la relation entre la tibolone et le cancer du sein sont contradictoires. En théorie, la tibolone ne devrait pas augmenter le risque du cancer du sein et devrait être beaucoup plus sûre que la combinaison d'estrogène et de progestagène. Toutefois, une étude a montré un risque accru de cancer du sein chez les femmes qui utilisent la tibolone alors qu'une autre étude a démontré le contraire. À ce jour, il reste à démontrer que la tibolone n'augmente pas le risque de cancer du sein à l'instar des diverses formes d'HTS.

Une étude récente a montré que la prise de tibolone par des femmes atteintes du cancer du sein afin d'amoindrir de graves symptômes ménopausiques avait le même effet que les autres formes d'HTS, soit d'augmenter les chances de récurrence du cancer.

Hormonothérapie à long terme

Les femmes qui veulent poursuivre la thérapie hormonale à long terme et qui ont subi une hystérectomie n'ont pas à prendre l'estrogène avec la progestagène, cette combinaison ayant pour effet d'augmenter le risque de cancer du sein; elles peuvent prendre seulement de l'estrogène.

Quant aux femmes ayant toujours leur utérus, une combinaison d'estrogène avec de la progestagène administrée de façon locale à la muqueuse de l'utérus grâce au stérilet Mirena est une solution plus sûre que de continuer à prendre de l'estrogène en combinaison avec de la progestagène durant plus de deux à trois ans.

Hormonothérapie de substitution et facteur de risque

Le risque de contracter le cancer du sein augmente avec le nombre d'années d'utilisation d'hormones de substitution. Ces risques s'additionnent, tout particulièrement dans le cas de la combinaison d'estrogène et de progestagène, jusqu'à doubler au bout de cinq ans. Le risque ne semble pas être lié ni au type, ni au mode d'administration (orale ou timbre), ni à la dose d'estrogène utilisée. La même chose vaut pour la progestagène.

Nous ne savons pas si l'HTS constituée de progestagène seulement augmente le risque de contracter le cancer. L'estrogène vaginal ne semble pas augmenter ce risque.

Compte tenu de l'augmentation du risque de cancer du sein, vaut-il mieux s'abstenir de prendre des hormones de substitution ?
La décision de prendre ou non des hormones est une décision personnelle qui se prend en discutant des avantages et des inconvénients avec votre médecin. Il existe d'autres choix que la HTS pour contrer les symptômes de la ménopause et pour traiter l'ostéoporose.

Pour en savoir plus sur la HTS, voir le livre sur la ménopause dans la collection « Médecine familiale ».

Allaitement maternel

Allaiter son enfant réduit légèrement le risque de développer un cancer du sein. Celles qui allaitent à un jeune âge et celles qui le font pendant de longues périodes en retirent le plus de protection.

Activité physique

Il semble que l'exercice physique pratiqué régulièrement réduise le risque de développer le cancer du sein. Les femmes qui s'exercent régulièrement à raison de trois ou quatre fois par semaine, depuis plusieurs années, en retirent le plus de bénéfices.

Surpoids

Avoir un important surplus de poids à la ménopause augmente le risque de cancer du sein. Vous avez un surplus de poids si votre poids équivaut à 1,5 de plus que la moyenne de poids pour votre taille.

Il existe un lien entre le cancer du sein et une diète riche en gras, mais on ignore le comment. Il n'existe pas de preuve que les produits laitiers augmentent le risque du cancer du sein ou que le fait d'éviter d'en manger réduise ce risque.

Ethnicité

Le cancer du sein est plus courant chez les femmes blanches que chez les femmes d'origine latine, asiatique ou africaine.

Pays de naissance

La proportion des femmes affectées par le cancer du sein varie selon les pays. Les femmes nées en Amérique du Nord ou en Europe du Nord ont le plus haut taux d'incidence. Les femmes nées en Asie ou en Afrique ont un risque moins élevé d'être atteintes du cancer du sein.

Ce qui est intéressant, c'est que les femmes nées en Asie ou en Afrique qui émigrent aux États-Unis et adoptent le style de vie occidental, incluant la diète, montrent, au bout d'une période de 20 ans, le même risque de cancer du sein que les femmes nées aux États-Unis.

Ces observations expliquent pourquoi l'on croit généralement que les causes majeures pour lesquelles les femmes développent le cancer du sein sont environnementales, c'est-à-dire qu'elles sont liées aux lieux où ces femmes vivent et à ce qu'elles mangent plutôt qu'à une prédisposition génétique.

Radiothérapie thoracique

Les femmes qui ont subi une radiothérapie thoracique, incluant les seins, avant l'âge de 30 ans ont un risque plus élevé de contracter le cancer du sein. Cela inclut les femmes qui ont été traitées par radiothérapie pour la maladie de Hodgkin.

Les études montrent que plus une femme est jeune lorsqu'elle reçoit un traitement de radiothérapie, plus elle risque de développer un cancer du sein plus tard. Des programmes de dépistage du cancer du sein sont disponibles pour les femmes atteintes de la maladie de Hodgkin traitées par radiothérapie.

Alcool et tabagisme

Certaines études ont montré un lien entre le fait de boire de l'alcool et le risque de développer le cancer du sein. Les femmes qui boivent régulièrement de l'alcool ont un risque plus élevé de développer le cancer du sein que celles qui ne boivent pas ou qui boivent avec modération.

La relation entre le tabagisme et le cancer du sein n'est pas claire. En général, il ne semble pas y avoir de lien direct en ce qui concerne le tabagisme et l'augmentation du risque du cancer du sein, mais il augmente bien sûr le risque de contracter plusieurs autres cancers et augmente aussi l'incidence de certaines affections bénignes du sein, particulièrement l'infection de la région sous le mamelon.

Certaines études ont montré qu'il y a possiblement un risque accru de développer le cancer du sein plus tôt dans la vie pour les femmes qui fument. Il existe également certaines données qui montrent que les femmes exposées à la fumée secondaire, parce que leur conjoint fume, ont aussi un risque légèrement plus élevé de développer le cancer du sein.

Gènes qui causent le cancer du sein

Tous les individus sont différents. Nous sommes tous un mélange de nos parents. La moitié des gènes de notre corps ont été hérités de notre mère et l'autre moitié, de notre père.

Certains individus héritent d'un gène anormal de leur mère ou de leur père, ce qui les rend plus susceptibles de développer certaines maladies. Personne ne sait encore combien de gènes sont associés avec l'augmentation du risque de cancer du sein, mais jusqu'ici, cinq gènes majeurs ont été identifiés.

- Environ 5 % de tous les cancers du sein sont attribuables à un gène anormal hérité du père ou de la mère.
- Environ un cas sur trois des cancers du sein liés à la génétique est attribuable, pense-t-on, à une anormalité du gène appelée BRCA1.
- Un autre tiers des cas de cancers du sein liés à la génétique est associé au gène appelé BRCA2.
- Trois autres gènes et un nombre de gènes restant à découvrir sont responsables des autres cas hérités de cancers du sein.

BRCA1 et BRCA2

Les femmes qui ont hérité d'un gène BRCA1 ou BRCA2 défectueux ont un risque plus élevé durant toute leur existence non seulement de contracter le cancer du sein, mais aussi le cancer des ovaires et possiblement le cancer du colon.

Les hommes porteurs d'un gène BRCA2 défectueux ont aussi un plus grand risque de développer le cancer du sein. Ces hommes sont aussi davantage exposés au cancer de la prostate.

Une analyse génétique des mutations des gènes BRCA1 et BRCA2 est possible, mais il faut compter deux mois avant d'avoir les résultats et l'analyse peut échouer à détecter les individus qui ont subi des changements notables du gène en question si le test ne vérifie pas le gène en entier.

Pour qu'une femme puisse bénéficier d'un test d'analyse génétique, elle doit avoir dans sa famille quelqu'un qui a déjà eu le cancer du sein transmis par un gène défectueux. Cette femme aura dès lors accès au test d'analyse génétique pour savoir si elle est porteuse ou non de ce gène anormal.

Les femmes porteuses de ce gène défectueux ont entre 60 et 85 % de risques de développer un cancer du sein. Ces femmes ont aussi un risque accru de contracter le cancer des ovaires.

Il est important de souligner que si vous êtes porteuse d'un gène anormal, cela ne veut pas dire que vous contracterez automatiquement le cancer du sein. Tout le monde possède deux copies de chaque gène, et même si l'une d'entre elles s'avérait anormale, si l'autre copie continue à fonctionner de façon adéquate, vous ne développerez pas le cancer du sein. Plus souvent qu'autrement, toutefois, cette copie du gène cessera éventuellement de fonctionner et le cancer fera son apparition.

Les femmes porteuses d'un gène BRCA1 ou BRCA2 défectueux ont tendance à développer le cancer du sein à un jeune âge. On estime qu'environ 1 femme sur 800 est porteuse d'un gène BRCA1 défectueux. Certains groupes de femmes, les Juives ashkénazes par exemple, ont un risque beaucoup plus élevé d'avoir un gène BRCA1 ou BRCA2 défectueux. Il n'est donc pas surprenant qu'elles soient davantage exposées au cancer du sein et au cancer des ovaires que les autres femmes du même groupe d'âge.

Gène p53

D'autres gènes sont associés au cancer du sein, entre autres le gène p53, s'il s'avère défectueux, il aura pour résultat de provoquer l'apparition du cancer du sein à un jeune âge. Les femmes porteuses de ce gène défectueux ont souvent le cancer du sein bilatéral (qui affecte les deux seins).

Un gène p53 défectueux est responsable du syndrome de Li-Fraumeni. Les gens atteints de ce syndrome ont un historique familial de cas de cancers du sein et de tumeurs des os qui affectent souvent les enfants.

On pense que le gène p53 est un gène qui gère la croissance des cellules. Lorsque le gène en question est défectueux, les cellules prolifèrent de façon désordonnée et un cancer peut se développer. Bien que d'autres gènes anormaux aient été identifiés, ils sont beaucoup moins courants.

Réduire le risque dû aux mutations génétiques

Si une femme a été déclarée porteuse d'un gène défectueux suite à un test d'analyse génétique, elle devra régulièrement passer des tests intensifs de dépistage pour déceler l'apparition du cancer du sein, et ce, très tôt dans sa vie.

Une femme avec de lourds antécédents de cancer du sein dans sa famille ou qui a été déclarée porteuse d'un gène défectueux a toujours la possibilité de recourir à la chirurgie pour retirer tous les tissus mammaires ou de s'inscrire à un programme de recherches visant à prévenir le cancer du sein.

Prévention du cancer du sein

L'estrogène est un facteur important dans le développement du cancer du sein. En entravant l'action de l'estrogène, il devrait être possible de réduire le nombre de femmes qui développent le cancer du sein. L'estrogène fonctionne en se liant aux récepteurs à la surface des cellules du sein.

Deux groupes de médicaments ont été étudiés :

1. Des médicaments comme le tamoxifène et le raloxifène ont la propriété de s'arrimer aux récepteurs d'estrogène et de les bloquer pour empêcher que l'estrogène produit par l'organisme parvienne aux cellules mammaires.

2. Les inhibiteurs d'aromatase empêchent l'organisme de produire de l'estrogène, mais ces médicaments ne sont efficaces que pour les femmes dont les ovaires ont cessé de fonctionner, c'est-à-dire les femmes ménopausées.

Tamoxifène

Le tamoxifène permet de réduire d'environ 50 % la possibilité d'être victime d'un cancer du sein chez les femmes à haut risque. Mais le tamoxifène agit seulement sur les cancers hormonodépendants – dans lesquels on détecte des récepteurs auxquels les estrogènes se lient pour en activer la teneur (récepteurs hormonaux positifs). Ce médicament a toutefois des effets indésirables importants.

Jusqu'ici, aucun des essais cliniques n'a pu démontrer que les femmes qui prennent du tamoxifène vivaient plus longtemps. Les participantes à ces essais cliniques qui semblent en retirer le plus de bénéfices sont en général celles qui sont atteintes de hyperplasie atypique (voir la page 209) et celles qui ont un type de changement dans les tissus mammaires qui porte le nom de carcinome lobulaire *in situ* ou néoplasie lobulaire (voir à la page 73).

Malgré l'efficacité du tamoxifène, il ressort d'une étude sur le tamoxifène que les risques de ce médicament sont aussi importants que ses bénéfices.

Nouveaux médicaments

Raloxifène

Le raloxifène est un médicament qui s'apparente au tamoxifène avec potentiellement moins d'effets indésirables. Des études américaines ont montré que le raloxifène était aussi efficace que le tamoxifène pour prévenir le cancer du sein.

Inhibiteurs d'aromatase

Anastrozole

Des études comparant l'inhibiteur d'aromatase anastrozole et le tamoxifène chez des femmes atteintes du cancer du sein montrent que l'anastrozole est jusqu'à deux fois plus efficace que le tamoxifène pour prévenir les cancers récurrents chez les femmes traitées pour un cancer du sein. Des études sur l'aspect préventif de ce médicament sont actuellement en cours.

Létrozole et exémestane

Ces deux médicaments se sont avérés plus efficaces pour prévenir les cancers récurrents chez les femmes traitées pour un cancer du sein. Des études sur l'aspect préventif de ces médicaments sont actuellement en cours.

Que dois-je faire si je pense être à risque ?

Si une femme pense qu'elle a un risque accru de contracter le cancer du sein, la première étape consiste à être référée par son médecin à une clinique d'antécédents familiaux où ses risques d'être atteinte du cancer du sein seront calculés. Si on confirme qu'elle a un risque élevé, voici les choix qui s'offrent à elle :

- examens réguliers des seins avec mammographie annuelle, et chez les femmes à très haut risque, une imagerie par résonance magnétique (IRM);
- participer aux nouveaux programmes de prévention mis en place si elle est éligible – le programme s'adresse aux femmes ménopausées. Subir une chirurgie pour retirer tous les tissus mammaires;
- ceci implique une certaine forme de mastectomie des deux seins. L'intervention peut être jumelée avec une reconstitution des seins qui comporte ou non le retrait du mamelon. Ce type d'intervention chirurgicale doit être conduit par un chirurgien spécialiste du sein avec l'aide ou non d'un chirurgien plasticien. L'ablation des seins réduit le risque du cancer du sein de plus de 90 %;
- les femmes qui ont un très haut risque d'être atteintes d'un cancer du sein parce qu'elles ont hérité du gène BRCA1 ou BRCA2 défectueux ont aussi un risque plus élevé d'être atteintes du cancer des ovaires. L'ablation des ovaires réduit non seulement le risque de développer un cancer des ovaires, mais réduit également leur risque de développer un cancer du sein de moitié.

Comment réduire votre risque de contracter le cancer du sein ?

- Ayez une alimentation saine comprenant des fruits et des légumes frais – aucun supplément alimentaire comme des vitamines n'est nécessaire.
- Faites régulièrement de l'exercice.
- Buvez de l'alcool avec modération.
- Soyez attentive à tout changement dans la texture de vos seins.
- Tâchez de conserver un poids santé.
- Ne fumez pas.

Environ la moitié des études portant sur la relation entre le cancer du sein et la quantité de gras dans l'alimentation montrent que plus la diète est grasse, plus le risque de contracter le cancer du sein est élevé. L'autre moitié des études n'ont toutefois pas montré de lien significatif entre une diète élevé en gras et le cancer du sein.

Bien sûr, il est meilleur pour votre santé de réduire votre consommation de gras. Manger certains types de poissons gras s'avère toutefois très bon pour la santé.

Consommer des fruits et des légumes frais est bon pour la santé parce qu'ils contiennent des vitamines A, C, D et E qui sont des antioxydants. Ils neutralisent certaines substances nocives dans l'environnement qui pourraient provoquer le cancer. Prendre des suppléments vitaminiques n'est toutefois pas recommandé.

Il n'existe pas de preuve formelle que les produits laitiers augmentent le risque du cancer du sein ou que le fait d'éviter d'en manger réduise ce risque. Il existe plus d'inquiétudes à propos des effets nocifs du soja que de preuves de ses bénéfices. Remplacer le lait de vache par du lait de soja n'est donc pas recommandé à moins d'avoir des raisons médicales ou personnelles d'adopter le lait de soja.

POINTS CLÉS

- Les facteurs de risque liés au cancer du sein incluent le fait d'être de sexe féminin, d'avancer en âge et les antécédents familiaux de cancer du sein.
- Suivre une hormonothérapie de substitution, particulièrement celle où la progestérone est associée à l'estrogène, augmente le risque du cancer du sein.
- Bien que nous n'ayons pas beaucoup d'influence sur la plupart des facteurs de risque, il est quand même recommandé de manger sainement, de faire de l'exercice régulièrement et d'éviter les hormonothérapies de substitution si possible.
- Aucun médicament n'est recommandé pour réduire le risque du cancer du sein dans la population en général.
- En ce qui concerne les femmes qui ont un risque très élevé d'être victime d'un cancer du sein dû à des gènes anormaux, des mesures doivent être prises pour réduire ce risque.

Dépistage du cancer du sein

Qui doit subir des dépistages ?

Les tests de dépistage sont un moyen de repérer les cancers du sein au tout début lorsqu'ils sont encore trop petits pour que vous puissiez les détecter à la palpation. La méthode de dépistage la plus souvent utilisée est la radiographie des seins, ou mammographie.

Présentement, toutes les femmes âgées entre 40 et 69 ans peuvent avoir une mammographie tous les deux ans au Canada. En France, les mammographies pour les femmes entre 40 et 50 ans sont prescrites en fonction d'indications cliniques. Après 50 ans, elles devraient et peuvent être systématiques tous les deux ou trois ans.

Qu'est-ce qu'une mammographie ?

Une mammographie est une radiographie à faible dose de rayon X du sein. C'est un test de dépistage précoce du cancer du sein.

Comment se déroule-t-elle ?

Vous devez d'abord vous dévêtir jusqu'à la taille. On place tour à tour chacun des seins dans un appareil

Mammographie

Une mammographie est une radiographie des seins.

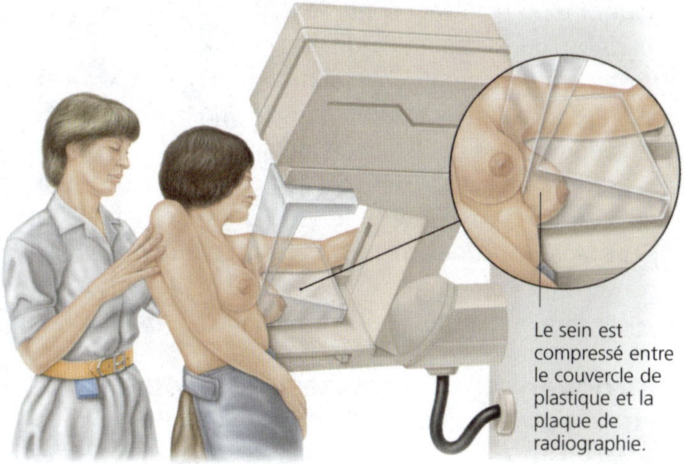

en le compressant doucement, mais fermement, à l'aide d'un couvercle de plastique transparent avant de prendre la radiographie.

Bénéfices du dépistage

Détection précoce des cancers du sein

La plupart des cancers diagnostiqués grâce au dépistage sont à un stade précoce où les chances de les traiter et de les éradiquer sont appréciables. La recherche démontre que les tumeurs détectées chez les femmes passant régulièrement des mammographies sont en moyenne plus petites et plus faciles à traiter.

Moins de traitements si possible

Les femmes chez qui on aura découvert un cancer grâce à ces mesures de dépistage sont plus susceptibles de souffrir d'un petit cancer qui se traite par tumorectomie (excision de la tumeur) jumelée à une radiothérapie postopératoire, ce que l'on appelle une chirurgie mammaire conservatrice, plutôt que par une mastectomie (ablation entière de la glande mammaire).

Soixante-dix pour cent des femmes qui ont reçu un diagnostic de cancer du sein suite à un programme de dépistage ont pu bénéficier d'une chirurgie mammaire conservatrice en comparaison de 55% des femmes dont le cancer n'a pas été dépisté à temps.

Inconvénients liés au test de dépistage

Le dépistage n'est pas une mesure de prévention

Le dépistage ne prévient pas le cancer du sein. Qu'un test de dépistage ait été pratiqué ou non, cela n'empêchera pas le cancer du sein d'apparaître et de se développer. Le dépistage aide à détecter les cancers seulement s'ils sont déjà là.

Douleur et inconfort associés à la mammographie

Pour avoir une mammographie de bonne qualité, les tissus mammaires doivent être compressés. La mammographie s'avèrent douloureuse ou inconfortable pour certaines femmes, mais cette douleur ou cet inconfort ne dure qu'un court instant.

La mammographie et l'irradiation

Les mammographies administrent une très faible dose d'irradiation au sein. La quantité de radiation est la même qu'une personne recevrait lors d'un voyage aller-retour en avion de Paris à Melbourne, par exemple. Les bénéfices liés à la détection précoce d'un cancer du sein dépassent largement les risques associés à l'irradiation.

Les anormalités bénignes au sein

Les mammographies détectent un éventail de tumeurs tant bénignes que malignes. Une femme dont la mammographie montre une région anormale du sein devra passer d'autres tests pour s'assurer que cette anormalité n'est pas cancéreuse. Cela signifie que certaines femmes devront passer des tests inutiles et supporter l'inquiétude liée au fait d'être rappelée pour ces nouveaux tests.

Cela se produit dans tous les programmes de dépistage et le phénomène porte le nom de «faux résultat positif». Heureusement, ce n'est pas très courant.

Rappel des femmes alors que leurs mammographies ne montrent aucun signe d'anormalité

Certaines femmes sont appelées à refaire des mammographies soit parce que la radiographie est floue, soit parce que l'ensemble de la glande mammaire n'apparaît pas au complet sur la radiographie. C'est extrêmement rare de nos jours, mais il est quelquefois nécessaire de rappeler les femmes pour s'assurer que la radiographie est de bonne qualité.

Les tests de dépistage ne détectent pas tous les cancers

La mammographie est la façon la plus fiable de détecter le cancer du sein, mais elle n'est pas infaillible. Le cancer du sein peut parfois passer inaperçu pour un certain nombre de raisons :

- certains cancers sont très difficiles à voir sur une radiographie;
- certains cancers sont si petits qu'ils passent inaperçus sur la radiographie;
- le cancer est visible sur la radiographie, mais la personne qui l'analyse ne le voit pas.

Même si une mammographie tous les trois ans s'avère la façon la plus rentable de faire le dépistage du cancer du sein, il n'en reste pas moins que, comme le laps de temps entre les mammographies est tout de même assez long, certaines femmes développeront un cancer du sein durant cette période. Si jamais vous receviez un diagnostic de cancer du sein entre vos visites de dépistage, toutes les mammographies prises avant peuvent être utiles à vos médecins.

Dans la plupart des cas diagnostiqués entre les visites de dépistage, lorsqu'une lecture des mammographies antérieures est effectuée, aucune anormalité n'est décelée; ce qui confirme que le cancer vient d'apparaître et n'est donc pas attribuable à une mauvaise lecture de la mammographie.

Surdiagnostic

Certains cancers détectés par les tests de dépistage ne sont pas problématiques et ne poseront aucun problème plus tard dans la vie. Ce qui veut dire que les tests de dépistage détectent, chez certaines femmes qui ont reçu un traitement, des cancers qui n'auraient pas eu besoin d'être traités.

Comme il est impossible de savoir à l'avance si le cancer en question est problématique ou non, il vaut mieux, lorsqu'un cancer est détecté, le traiter même si cela équivaut quelquefois à un surtraitement.

Qu'indiquent les mammographies ?

Sur les mammographies, les tissus mammaires normaux sont de couleur blanche et le gras, de couleur noire. Tout ce qui est anormal est aussi de couleur blanche. Les cancers sont classiquement des amas supplémentaires de tissus blanchâtres aux contours irréguliers et qui sont souvent qualifiés de stellaires parce qu'ils ressemblent à des étoiles.

En fait, examiner une mammographie à la recherche de cancer, c'est un peu comme observer les étoiles la nuit. Lorsque la nuit est très nuageuse, il est difficile d'apercevoir les étoiles et, de même, il est assez difficile de discerner les cancers dans le cas des jeunes femmes qui ont un tissu mammaire relativement dense et qui apparaît blanc sur la mammographie. Lorsque le ciel est plutôt dégagé, il est plus facile d'apercevoir les étoiles et, de même, il est beaucoup plus facile de voir les cancers lorsqu'il y a beaucoup de tissus adipeux dans le sein, comme c'est le cas chez les femmes plus vieilles.

Les deux raisons pour lesquelles les mammographies sont habituellement pratiquées chez les femmes de plus de 50 ans :

- l'incidence du cancer du sein augmente avec l'âge; il y a donc plus de cancers chez les femmes plus âgées;
- les cancers sont plus visibles sur les mammographies des femmes plus âgées. Le cancer est plus difficile à détecter chez les femmes plus jeunes dont la glande mammaire est plus active.

Les principaux types d'anormalités détectées par les tests de dépistage sont les :

- masses rondes;
- masses irrégulières;
- distorsions de l'architecture.

Masses rondes

La mammographie montre que celles-ci ont des contours bien découpés et que la masse blanche tranche sur l'amas de tissus mammaires. Ce sont habituellement des excroissances locales de nature bénigne comme les kystes, remplis de liquide ou de fibromes, de texture solide. Environ 4 % des masses rondes se révèlent cancéreuses.

Masses irrégulières

Ce sont aussi des masses qui apparaissent blanches sur les mammographies. Toutefois, leurs contours sont beaucoup plus flous et irréguliers. La majorité des masses irrégulières sont des cancers.

Mammographie

La mammographie se sert de faibles doses de radiations pour examiner le sein humain. Le but de la mammographie est de

Exemples de mammographies

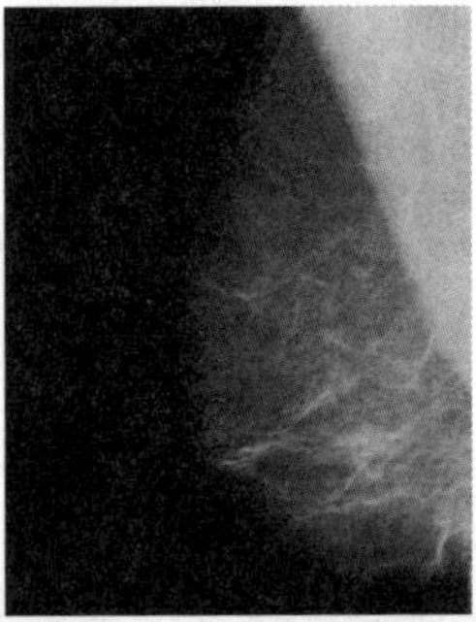

L'apparence normale d'un sein d'une femme ménopausée. La partie glandulaire du sein décroît au fur et à mesure que la femme se rapproche de la ménopause. Le tissu glandulaire est peu à peu remplacé par du tissu fibreux (du tissu conjonctif) rempli de cellules adipeuses. Nous voyons ici les tissus fibreux apparaissant comme des filaments blanchâtres.

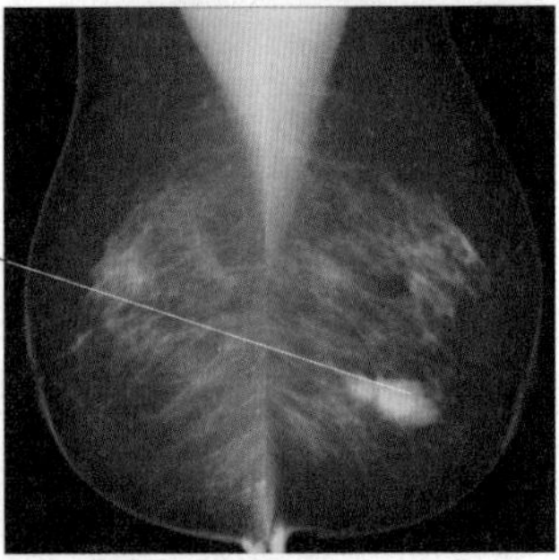

Masse localisée dans le sein (cancer)

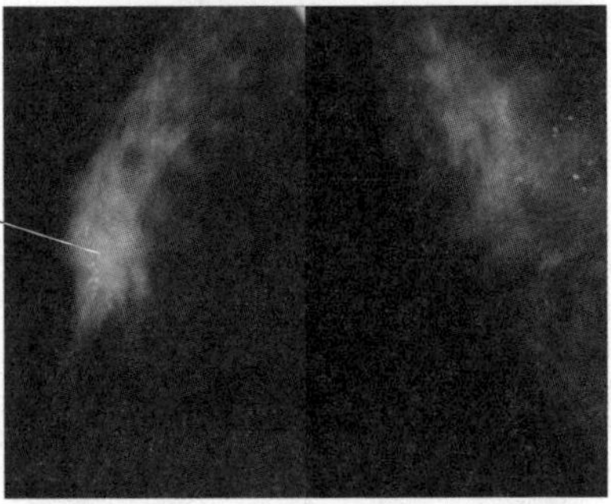

Calcification maligne indiquant un carcinome canalaire *in situ*

Mammographie (suite)

détecter de façon précoce le cancer du sein grâce au dépistage de masses inhabituelles ainsi que des microcalcifications.

Exemples de mammographies

Distorsion du sein :

Ganglion axillaire cancéreux

Calcification (cancer)

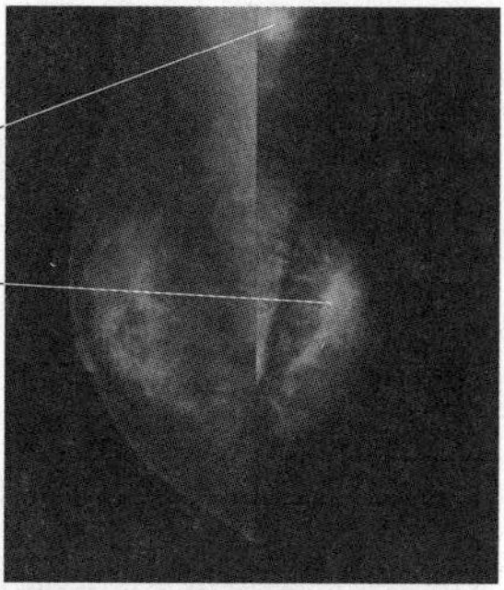

Masse spiculée au sein (cancer)

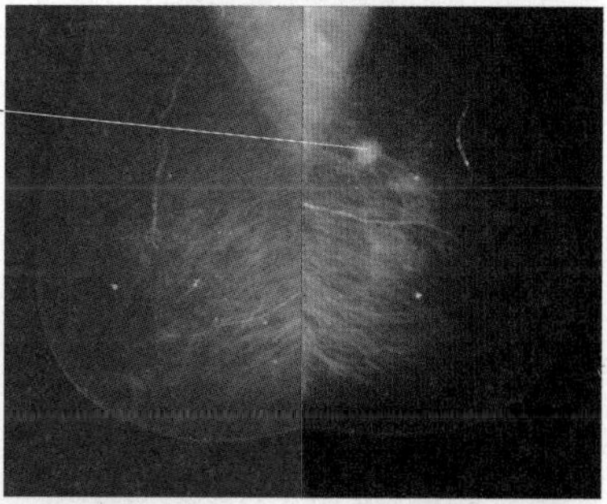

Site de distorsion et de microcalcification dans le sein

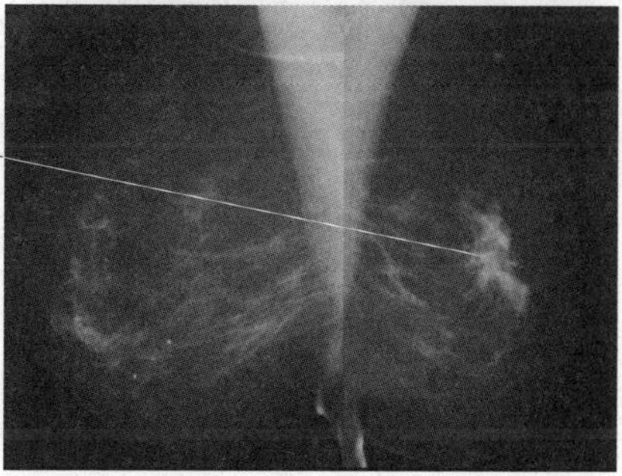

Distorsions de l'architecture du sein

C'est l'une des anormalités les plus difficiles à détecter. Le tissu mammaire s'agglomère autour d'un centre faisant apparaître le tissu mammaire comme étant déformé.

Les distorsions de l'architecture mammaire peuvent apparaître suite à un processus de cicatrisation et être bénignes ou elles peuvent être cancéreuses. Les biopsies au moyen d'une aiguille ne réussissent pas toujours à différencier une distorsion due à une cicatrice de celle due à un cancer; il peut s'avérer nécessaire de retirer la lésion complète pour déterminer la cause de cette anormalité.

Calcifications

De petites zones de calcium sont courantes dans le sein et sont fréquemment détectées sur les mammographies. Dans la plupart des cas, elles sont inoffensives. Il existe deux types de calcifications :

- macrocalcifications;
- microcalcifications.

Macrocalcifications

Les macrocalcifications sont des dépôts plus importants dans le sein qui apparaissent sur les mammographies comme des points ou des tirets blancs. Elles sont une conséquence du vieillissement et se retrouvent naturellement chez 50 % des femmes âgées de plus de 50 ans et chez les plus jeunes, dans une proportion d'une femme sur 10.

Elles sont causées par des dépôts de calcium dans les kystes ou par l'accumulation de calcium dans les canaux lactifères. Elles peuvent aussi être le résultat d'une lésion antérieure, d'une chirurgie ou d'une radiothérapie.

Ces calcifications n'ont aucun lien avec la quantité de calcium que vous consommez. Elles sont inoffensives, n'ont aucun lien avec le cancer et ne nécessitent aucun traitement.

Microcalcifications

Ce sont de petits dépôts de calcium qui apparaissent sur les mammographies comme de minuscules grains de couleur blanche. Similaires aux macrocalcifications, elles sont dues en grande partie au phénomène de vieillissement, mais elles peuvent apparaître à cause de cellules qui prolifèrent plus rapidement que la normale. Habituellement, les microcalcifications ne sont pas cancéreuses.

Si les microcalcifications varient en taille et en forme, suivent le tracé des canaux lactifères et présentent une forme arborescente, elles peuvent être le résultat d'une prolifération ou un changement précoce dans les cellules qui tapissent les canaux lactifères.

Les microcalcifications qui s'agglomèrent en grappe suggèrent un changement précancéreux (voir carcinome canalaire *in situ*, à la page 71) dans cette portion du sein.

Si des microcalcifications ont été détectées sur votre mammographie, on vous demandera de refaire une autre mammographie pour examiner cette région du sein plus en détail (mammographie grossissante). Selon le résultat, le médecin pourrait vous recommander de subir une biopsie au trocart qui consiste à prélever une portion de tissu de la zone de calcification afin de l'examiner au microscope (voir à la page 57).

Le problème, c'est qu'une biopsie au trocart prélève une partie infime de tissu ne comportant pas suffisamment de calcifications, et de nouveaux tests devront être effectués. L'échantillonnage adéquat de ces zones calcifiées peut se faire en utilisant une aiguille légèrement plus grosse dotée de succion qui aspirera le tissu mammaire dans l'aiguille.

Ces instruments de biopsie assistée par le vide prélèvent le tissu mammaire et sont plus supportables pour les femmes puisque l'aiguille ne sera insérée qu'une seule fois dans le sein.

Et si, malgré toutes les ponctions, les médecins n'arrivent pas à prélever suffisamment de calcification pour en connaître la cause, une chirurgie visant à retirer la zone en question pourrait être envisagée.

POINTS CLÉS

- Une mammographie à tous les trois ans est pratiquée chez les femmes entre 50 et 69 ans.
- Le dépistage vise à détecter les cancers du sein à un stade précoce lorsqu'un traitement moins invasif peut être suffisant.
- La mammographie peut déceler des modifications dans le sein qui ne sont pas dangereuses, mais il faudra d'autres tests pour être sûr que ces modifications sont béni - gnes et non cancéreuses.
- La mammographie peut mettre à jour des anormalités dans le sein qui sont précancéreuses comme le carcinome canalaire *in situ* qui, s'il n'est pas traité à temps, peut se transformer au fil du temps en cancer.

Symptômes et signes du cancer du sein

Quels sont les signes courants d'un cancer du sein ?

Les symptômes de la présence d'un cancer du sein peuvent inclure :

- une bosse au sein;
- modification de la taille ou de la forme des seins incluant l'apparition de fossettes ou de plis dans la peau;
- changement sur la peau qui recouvre le sein, comme un ulcère ou un écoulement;
- un mamelon inversé, c'est-à-dire tourné vers l'intérieur;
- changements touchant le mamelon, comme de l'eczéma ou une desquamation;
- écoulement du mamelon;

- douleur au sein;
- enflure et inflammation du sein;
- enflure sous le bras (aisselle);
- des bosses au sein.

La plupart des femmes qui éprouvent ces symptômes n'ont pas le cancer du sein.

Bosses au sein

Une bosse au sein est la raison la plus courante pour consulter une clinique du sein. La plupart des bosses au sein ne sont pas cancéreuses et seule une bosse sur huit s'avère maligne (cancéreuse).

Bien que la plupart des bosses au sein ne soient pas cancéreuses et qu'elles apparaissent au gré du cycle menstruel, elles sont parfois un signe de cancer. C'est pour cette raison qu'il est important que vous remarquiez tout changement dans la forme ou la texture de vos seins et que vous les fassiez examiner par votre médecin.

Bosses cancéreuses

Les bosses cancéreuses ont tendance à être dures au toucher et elles ne sont pas très mobiles. Elles apparaissent peu à peu et augmentent en volume avec le temps.

Si la bosse grossit, elle peut provoquer un changement dans la forme du sein comme l'apparition de fossettes et de plis sur la peau. Sans traitement, ces bosses peuvent grossir et provoquer des ulcérations ou des saignements.

Bosses bénignes

Les bosses bénignes ont tendance à être lisses et mobiles, elles bougent facilement sous les doigts. Les bosses bénignes ont aussi tendance à être plus sensibles alors que le cancer du sein est plutôt indolore. Les fibromes et les kystes font partie de cette catégorie.

Les fibromes sont des masses bénignes de texture solide qui sont courantes chez les jeunes femmes entre 15 et 25 ans. Bien qu'ils soient moins communs chez les femmes plus âgées, de petits fibromes sont souvent découverts lors d'un test de dépistage chez les femmes de plus de 50 ans.

Les fibromes ont tendance à grossir jusqu'à une certaine taille avant de stopper – contrairement aux cancers. Ce qui signifie qu'une fois qu'un fibrome a été découvert, il est rare que sa croissance se poursuive. Parfois, les fibromes sont assez gros et mesurent plus de cinq centimètres.

Lorsqu'ils ont été convenablement examinés par imagerie médicale ou par biopsie, les plus petits fibromes n'ont pas besoin d'être retirés. Une femme qui a un fibrome n'est pas plus susceptible de contracter un cancer du sein et un cancer n'est pas plus susceptible de se développer dans un fibrome plus qu'ailleurs, dans les tissus mammaires.

Kystes

À mesure que les seins vieillissent, les feuilles de l'arbre « sein », les lobules, peuvent se remplir de liquide; ces bosses remplies de liquide s'appellent des kystes. Ils sont très répandus chez les femmes entre 40 et 50 ans.

Les kystes sont très lisses et mobiles au toucher, mais peuvent parfois être plutôt fermes et durs. Il arrive souvent que suite à une consultation pour un kyste, une échographie détecte plusieurs kystes chez une femme.

L'échographie est capable de discerner entre un kyste et une masse solide. Si l'échographie confirme que cette masse solide est bel et bien un kyste, celui-ci ne nécessitera pas de traitement à moins qu'il soit douloureux ou qu'il provoque une modification de la forme du sein. Dans ces cas, on retirera le liquide qu'il contient avec une aiguille. Le liquide contenu dans un kyste varie en ce qui a trait à la couleur, du jaune au vert en passant par le bleu/noir.

Les cancers se développent rarement dans les kystes. L'échographie examine la paroi du kyste pour déterminer la présence d'un cancer.

Échographie du sein

Les ultrasons passent librement à travers le liquide et les tissus, mais rebondissent lorsqu'ils frappent une surface plus dense. Par exemple, la vague d'ultrasons voyage librement à travers les tissus mammaires sains, mais lorsque cette vague touche une masse solide comme un cancer, elle est absorbée par cette masse et n'est plus réfléchie. Un ordinateur interprète les résultats et produit une image.

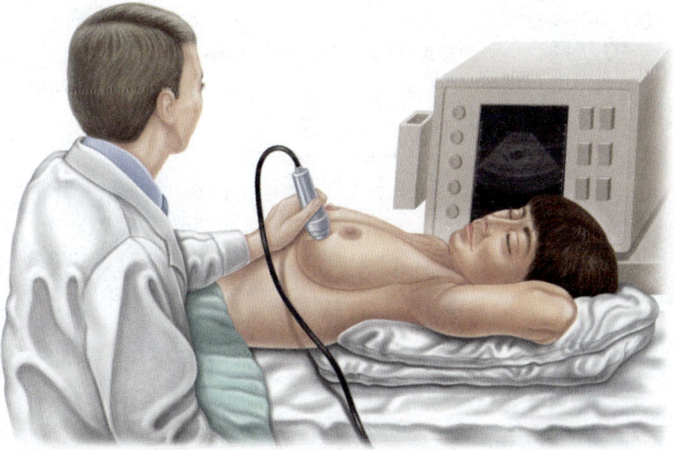

Bosses ou nodules bénins

Plusieurs femmes ont les seins sensibles et noduleux juste avant leurs règles. La plupart des nodules sont causés par les changements inhérents au cycle menstruel. Ces nodules sont très rarement des signes annonciateurs d'un cancer du sein.

C'est pour cette raison que si, lors d'un rendez-vous à la clinique du sein, on détecte des bosses à la palpation, vous devrez passer une échographie pour examiner la région du sein en question. Les ultrasons détermineront si la zone noduleuse est simplement une manifestation normale du cycle menstruel ou si c'est plus sérieux.

Changements de la peau recouvrant les seins

Ces changements comprennent la formation de fossettes, de plis et d'enflures de la peau des seins (appelés communément « peau d'orange »). La formation de fossettes est le changement le plus fréquent que l'on voit dans les cas de cancer.

Occasionnellement, la peau des seins se couvre de plaies qui saignent. Un cancer qui se propage produit un ou plusieurs nodules sur la peau.

La peau d'orange se développe parce que les cellules cancéreuses bloquent les canaux lymphatiques qui drainent le sein. Ce qui provoque une accumulation de liquide dans la peau. Une situation qui est parfois associée à des rougeurs et à une sensibilité des seins, qui sont caractéristiques d'un type de cancer particulier appelé cancer inflammatoire du sein.

La peau d'orange et les rougeurs peuvent aussi être dues à une infection plutôt qu'à un cancer.

Eczéma ou desquamation du mamelon

Une démangeaison de la peau du mamelon accompagnée de rougeurs est parfois symptomatique d'un cancer sous-jacent. Ce changement du mamelon est connu sous le nom de la maladie de Paget du mamelon (voir à la page 94). La plupart des démangeaisons du mamelon ne sont pas dues à la maladie de Paget mais à une poussée d'eczéma. La grande différence entre la maladie de Paget et l'eczéma est que la première affecte toujours le mamelon en premier alors que l'eczéma affecte habituellement la région qui entoure le mamelon, l'aréole.

S'il s'avère que l'affection est due à de l'eczéma, le médecin prescrira des stéroïdes pendant un court laps de temps. Quelquefois, des stéroïdes plus puissants pendant une courte période sont plus efficaces que des stéroïdes moins puissants sur une plus longue période.

Inversion ou rétraction du mamelon

Le mamelon peut s'inverser suite à une maladie bénigne ou maligne du sein ou à cause de canaux lactifères trop courts qui tirent le mamelon vers l'intérieur, ce qui arrive à certaines femmes lorsqu'elles prennent de l'âge. L'inversion ou la rétraction du mamelon n'est donc pas forcément due à un cancer.

Si vous constatez un changement dans l'apparence du mamelon, consultez votre médecin pour passer une mammographie et peut-être une échographie. Chez certaines femmes, le mamelon est tantôt inversé, tantôt normal; ce phénomène est rarement associé au cancer.

Dans les cas de cancers, le mamelon en entier a tendance à l'inversion, et ce, dans une direction donnée, ce qui a pour résultat que les deux seins ne sont pas à la même hauteur et ne pointent pas dans la même direction.

Les changements associés au cancer ne concernent qu'un seul sein plutôt que les deux.

Écoulement du mamelon

Les écoulements du mamelon sont très courants. Même chez une femme qui n'est pas enceinte, les seins produisent un liquide qui emprunte les canaux aboutissant au mamelon. Ce liquide ne franchit pas la surface du mamelon parce que les canaux du mamelon sont normalement fermés par la kératine produite par la peau.

Il est possible de voir une goutte de liquide à la surface du mamelon si ce dernier a été pressé ou nettoyé. Ce liquide d'une couleur variant du blanc au jaune, du vert au bleu/noir, est une sécrétion normale du sein. Ce liquide est produit en très petite quantité et sèche rapidement.

Un écoulement du mamelon anormal est un écoulement qui se produit spontanément. Il tache les vêtements et se produit de façon régulière – plus de deux fois par semaine.

Quelquefois, l'écoulement peut contenir du sang. Même ces écoulements sont la plupart du temps dus à une cause bénigne (non cancéreuse) comme, par exemple, une verrue dans l'un des canaux sous le mamelon, une affection qui porte le nom de papillome intracanalaire.

Il arrive parfois que des femmes produisent du lait sans être enceintes. Ce phénomène est habituellement causé par la prise de médicaments qui augmentent la production de prolactine, l'hormone responsable de la fabrication du lait. Beaucoup de médicaments ont cet effet. Parfois, une tumeur au cerveau qui se développe augmentera la production de prolactine, ce qui aura pour effet de stimuler la production de lait chez les femmes.

En résumé, les femmes qui ne sont pas enceintes et qui ont un écoulement appréciable de lait ou qui ont un écoulement spontané, récurrent (plus de deux fois par semaine) devront consulter un médecin.

Douleurs au sein

Les douleurs au sein sont rarement un symptôme du cancer du sein. Dans une étude, environ 5 % des femmes qui ont eu le cancer avaient des douleurs au sein et seulement 2 % des femmes qui se plaignaient de douleurs au sein ont reçu un diagnostic de cancer du sein.

La plupart des douleurs au sein proviennent en réalité des côtes et des muscles sous-jacents. Si vous croyez avoir une douleur au sein, assurez-vous que cette douleur provient vraiment du sein, et non de la région sous-jacente.

Vous pourrez vous en assurer en vous couchant sur le flanc, pour éloigner le sein de la paroi thoracique, ce qui vous permettra de palper la région des côtes et des muscles à la recherche de points douloureux.

La plupart des douleurs au sein ne requièrent aucun traitement particulier. Pour alléger la douleur, vous pourriez porter un soutien-gorge 24 heures par jour et pratiquer un sport qui étire les muscles, comme la natation par exemple.

Une douleur à la paroi thoracique est fréquente chez les gens qui sont assis toute la journée devant un ordinateur. Il est important de prendre des pauses à toutes les heures et de marcher un peu. Si la douleur à la poitrine est intense, prenez des médicaments comme le paracétamol ou de l'ibuprofène. Si vous continuez à éprouver des douleurs malgré toutes ces mesures, demandez à votre médecin qu'il vous réfère à une clinique du sein.

Enflure/inflammation du sein

Si le sein enfle, devient sensible et rouge, c'est habituellement le signe d'une infection. Si vous avez peur d'avoir une infection du sein, surtout si vous allaitez, il est important de voir le médecin le plus tôt possible afin qu'il vous prescrive des antibiotiques pour prévenir la formation d'un abcès.

Cela est peu fréquent, mais l'enflure et l'inflammation du sein peuvent indiquer une forme rare de cancer du sein appelée cancer inflammatoire du sein. Avec cette forme de cancer, l'enflure et les rougeurs perdurent malgré la prise d'antibiotiques. Le sein peut aussi être douloureux et sensible au toucher.

Quelles sont les raisons pour lesquelles les femmes se rendent dans les cliniques du sein ?

Prévalence (%) des divers symptômes chez les patientes d'une clinique du sein

- Bosse dans le sein (36 %)
- Bosse douloureuse (33 %)
- Douleur seule (17,5 %)
- Écoulement du mamelon (5 %)
- Rétraction du mamelon (3 %)
- Lourds antécédents familiaux de cancer du sein (3 %)
- Enflure ou inflammation (1 %)
- Desquamation du mamelon – eczéma (0,5 %)

POINTS CLÉS

- Une bosse au sein est le symptôme le plus courant du cancer du sein.
- L'inversion du mamelon peut être un symptôme du cancer du sein, mais est le plus souvent due à une maladie bénigne.
- Un changement dans la forme du sein ou du mamelon, un écoulement du mamelon, une rougeur et une bosse dans l'aisselle sont quelquefois des signes de la présence d'un cancer du sein.
- Une douleur au sein est rarement un signe de cancer du sein.
- La plupart des femmes qui ont des symptômes au sein (incluant les bosses) n'ont pas le cancer du sein.

Lors de votre visite chez le médecin

Que dois-je faire si j'ai des symptômes ?

La première chose à faire est de consulter votre médecin si vous éprouvez tout symptôme relativement à vos seins. La décision de savoir si oui ou non vous avez un problème sérieux revient à votre médecin traitant, et si la réponse est non, s'il est possible de régler ce problème sans devoir aller à l'hôpital.

Si vous avez vraiment une bosse ou présentez un symptôme pour lequel votre médecin souhaiterait avoir un second avis, vous serez référée à une clinique du sein. Autrement, il pourrait décider que votre sein devra être réexaminé – peut-être à un autre moment de votre cycle menstruel – et vous demander de reprendre rendez-vous pour un examen de suivi.

La clinique du sein

Le médecin à la clinique du sein vous demandera de lui décrire en détail les symptômes que vous éprouvez et depuis combien de temps. Si votre problème est une douleur ou une bosse, il vous demandera si vous avez remarqué une variation de ces symptômes selon votre cycle menstruel.

Il vous fera ensuite un examen des seins et vous demandera de vous dévêtir jusqu'à la taille.

Examen physique

Le médecin examinera vos seins d'abord, avec les bras le long du corps, puis vous demandera de lever les bras au-dessus de la tête et ensuite de placer les poings sur les hanches. En observant soigneusement la configuration des seins dans ces diverses positions, le médecin pourra voir les changements qui l'aideront à identifier le site et la cause du problème.

Puis, il vous examinera alors que vous serez couchée sur le dos, les mains sous la tête. Si, au cours de cet examen, le médecin trouve une bosse, il palpera la région et évaluera la taille de la masse.

Après avoir examiné vos seins, le médecin examinera les ganglions lymphatiques qui se trouvent aux aisselles et à la base du cou. Si jamais des tests supplémentaires étaient requis, il en fera la demande en vous expliquant pourquoi ceux-ci sont nécessaires.

Mammographies

Si vous avez 40 ans et plus et n'avez pas eu de mammographie l'an dernier, le médecin vous enverra probablement passer une mammographie (voir à la page 28).

Certaines cliniques font en sorte que les patientes aient passé une mammographie avant de rencontrer le médecin de la clinique du sein et que celui-ci ait ces mammographies en main lors du rendez-vous.

Échographie

Les rayons X ne traversent pas facilement le tissu mammaire dense des femmes qui ont moins de 35 ans, et ce phénomène rend difficile l'obtention de clichés de

Examen des seins par votre médecin

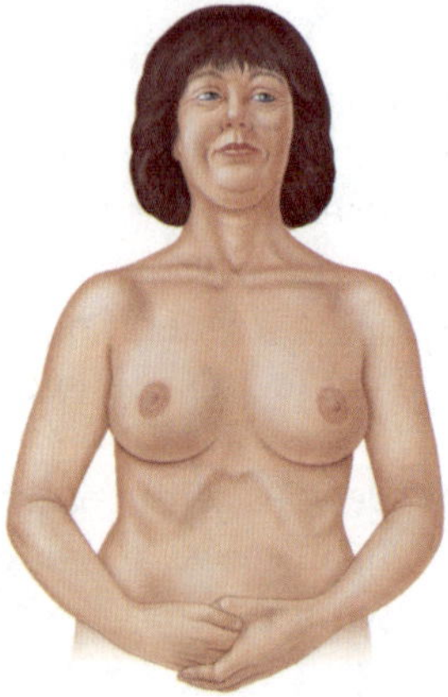

Bras le long du corps

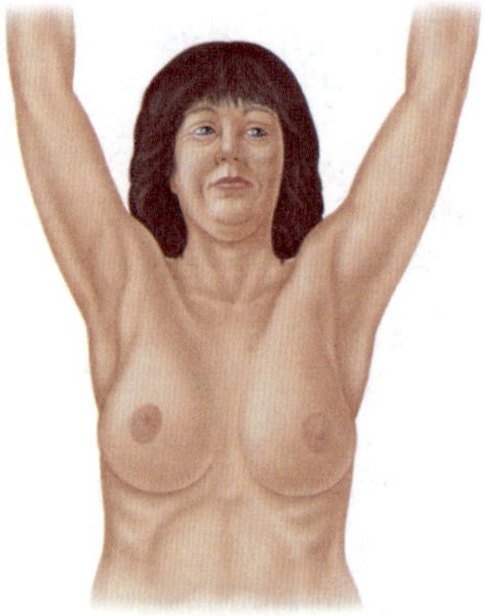

Bras au-dessus de la tête

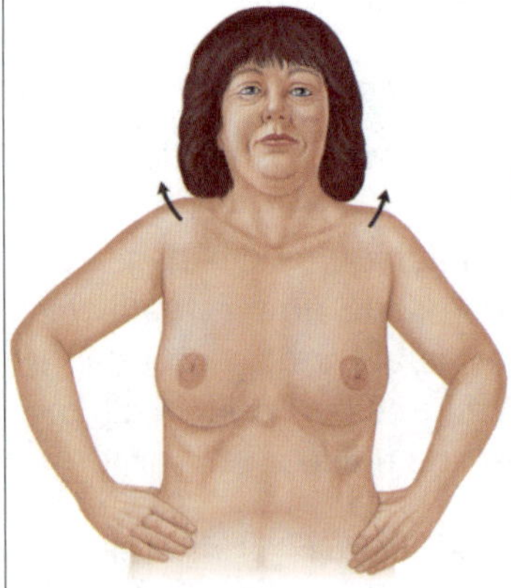

Poings sur les hanches

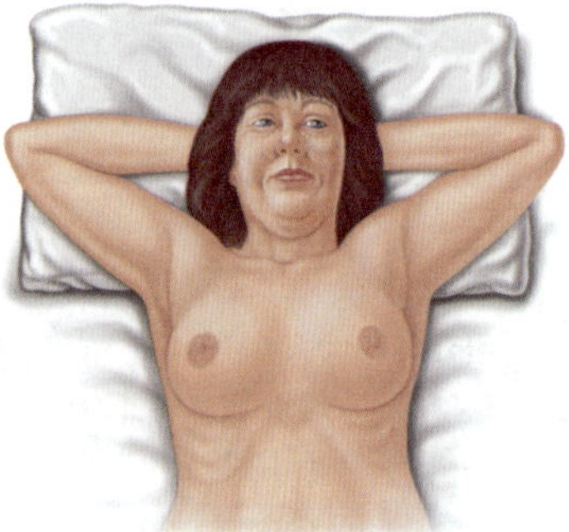

Couchée sur le dos, les bras repliés sous la tête

Mammographie

Une mammographie est une radiographie du sein dans le but de détecter tout cancer à un stade précoce et plus facilement guérissable.

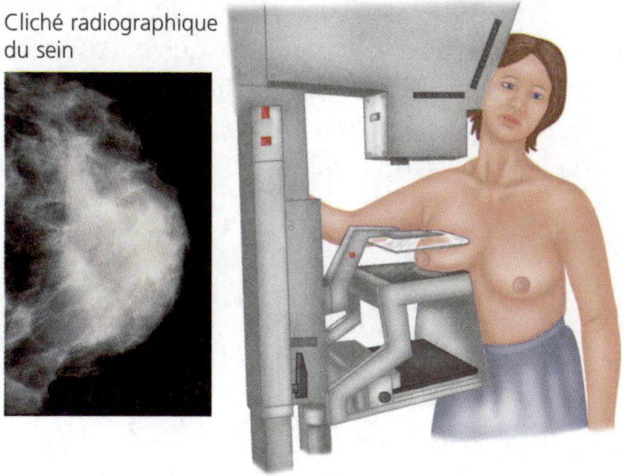

bonne qualité. L'échographie s'impose pour ces femmes et celles plus âgées qui présentent une masse suspecte.

L'échographie est familière à plusieurs mères à cause de son usage pendant la grossesse pour voir le bébé. On s'en sert pour détecter si la bosse du sein est liquide (kyste) ou solide.

Un gel spécial est badigeonné sur le sein, puis on passe au-dessus de la zone à sonder avec un petit appareil qui émet des ultrasons. Ces ultrasons sont convertis en image du tissu mammaire par un ordinateur. Cette sonographie est indolore et ne prend que quelques minutes.

Les ultrasons ne sont pas utilisés en tant que test de dépistage, mais comme un outil d'investigation des masses suspectes qui apparaissent sur les radiographies et pour déterminer la nature d'une zone noduleuse. Si la bosse examinée s'avère solide, les ultrasons seront en mesure de déterminer si cette masse solide est bénigne ou plus problématique.

L'échographie est aussi une excellente façon d'inspecter les ganglions lymphatiques des aisselles. Il est maintenant coutume de faire passer une échographie de ces ganglions aux femmes chez qui on soupçonne un cancer du sein. Si une anormalité est détectée, un échantillon de ces ganglions sera prélevé au moyen d'une fine aiguille en utilisant les ultrasons comme guide.

Ponction-biopsie par aiguille

Voici les deux types de ponction-biopsie par aiguille utilisés fréquemment pour diagnostiquer les bosses à l'intérieur d'un sein.

Microbiopsie au trocart

La plus souvent utilisée, la microbiopsie au trocart prélève au moyen d'une aiguille creuse une portion de tissu mammaire. Avant de pratiquer cette intervention, la peau entourant la bosse ou l'anomalie que l'on veut examiner fera l'objet d'une anesthésie locale. Si la dose d'anesthésiant injectée dans le sein est suffisante et qu'on attend quelques minutes pour que celui-ci fasse effet, le test est sans douleur.

Lorsque l'effet de l'anesthésiant se dissipe, il se peut que la patiente éprouve une certaine sensibilité dans le sein. Elle se verra conseiller de prendre des cachets de paracétamol ou d'ibuprofène, comme dans le cas de migraines.

Microbiopsie au trocart

Une aiguille creuse est insérée dans la région suspecte pour prélever un échantillon de tissu mammaire. Cette intervention aura pour effet d'aider à diagnostiquer si la masse est bénigne ou maligne (cancéreuse) et permettra un traitement ultérieur approprié.

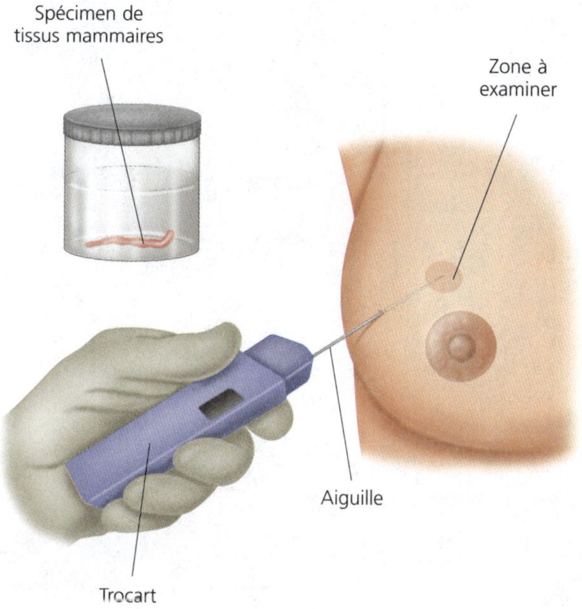

Cytoponction à l'aiguille fine

La méthode de cytoponction utilise une aiguille fine de la même dimension que celles qui sont utilisées pour prélever du sang. Cette intervention a pour but de prélever un échantillon de cellules mammaires. Elle se fait avec ou sans anesthésie locale. Certaines cliniques ont les résultats de ce test au bout d'une heure.

Cytoponction à l'aiguille fine

Le principe est le même que pour la microbiopsie au trocart, cependant une aiguille plus fine est utilisée – le prélèvement est donc moindre.

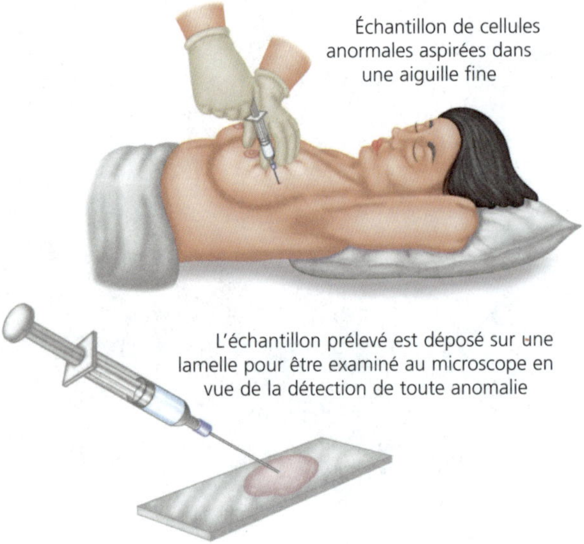

À l'endroit où une microbiopsie au trocart ou une cytoponction à l'aiguille fine a été effectuée, la peau peut enfler et se couvrir d'ecchymoses. Ces deux prélèvements peuvent se faire à la clinique du sein ou au département de radiologie de l'hôpital. Pour les petites masses ou pour les régions où une anomalie a été détectée, une aiguille guidée par rayon X ou par ultrasons peut être insérée dans la zone problématique pour s'assurer qu'on prélève bien un échantillon de tissu mammaire de la région souhaitée. Votre médecin discutera avec vous du type de biopsie dont vous avez besoin et vous décrira le déroulement de l'intervention.

Habituellement, le médecin à la clinique du sein saura vous dire à votre première visite si la bosse est bénigne ou s'il s'agit de quelque chose de plus sérieux.

Biopsie mammaire assistée par aspiration

La principale raison pour laquelle on n'obtient pas un diagnostic exact à l'aide d'une microbiopsie au trocart est l'insuffisance de tissus mammaires prélevés ou la difficulté à atteindre la région qu'on souhaite investiguer. Ces problèmes sont surmontés en utilisant une plus grosse aiguille avec un système d'aspiration sous vide en vue de prélever plus de tissus.

Les biopsies mammaires assistées par aspiration s'avèrent plus performantes pour recueillir des échantillons de calcification que la microbiopsie au trocart et permettent de pratiquer des biopsies dans les endroits du sein les plus difficiles à atteindre.

Un anesthésiant local est injecté dans la peau et on attend quelques minutes pour qu'il fasse effet. Puis, on pratique une petite incision et on insère l'aiguille dans le sein. La plupart des instruments à biopsie mammaire assistée par aspiration ne sont introduits dans la peau qu'une seule fois, ce qui représente un grand avantage par rapport aux microbiopsies au trocart qui nécessitent que l'aiguille soit retirée après chaque prélèvement pour qu'on puisse en extraire l'échantillon désiré.

Comme les biopsies mammaires assistées par aspiration permettent de retirer la grande majorité des calcifications d'une région donnée du sein, le médecin qui effectue la biopsie laissera probablement un marqueur métallique en place si jamais on devait procéder à l'excision de cette région du sein; ce marqueur pourra servir de guide pour repérer la région, au besoin.

Microbiopsie

Pour exciser une région problématique à l'intérieur du sein qui ne peut pas être palpée comme une bosse, il est nécessaire de marquer l'endroit en utilisant un mince fil de fer avec un crochet à l'une de ses extrémités. Avant la chirurgie, on vous mènera au département de radiologie et, après l'injection d'un anesthésiant local, on insérera un fil métallique dans votre sein soit sous guidage radiologique sur l'appareil de mammographie, soit sous contrôle échographique dans la région qui doit être excisée.

Après l'insertion du fil métallique, des radiographies seront effectuées pour vérifier la position du fil en relation avec la région qui doit être retirée. On place quelquefois deux fils de fer soit parce que la position du premier fil laisse à désirer, soit parce qu'il y a deux régions problématiques qui doivent être marquées, ou encore chaque fil est placé au deux bouts de la région anormale afin d'aider le chirurgien à retirer la zone problématique dans son entièreté.

Lorsque le ou les fils seront bien positionnés, on vous ramènera à votre chambre et l'on vous administrera une prémédication pour vous préparer à l'intervention chirurgicale qui aura lieu un peu plus tard dans la journée, sous anesthésie générale.

Une petite incision sera pratiquée dans la peau du sein et le chirurgien se servira du fil métallique comme repère pour retirer la région où se situe l'anomalie. La région de tissu mammaire qui entoure le fil est ensuite excisée par le chirurgien. Alors que vous êtes toujours sous anesthésie générale, une radiographie de l'échantillon de tissu sera effectuée pour s'assurer que la région excisée est bien la bonne.

Il existe d'autres techniques pour marquer les régions anormales; l'une d'entre elles consiste à injecter une substance radioactive dans le sein autour de la région anormale. Le chirurgien se servira d'une sonde manuelle qui, tout en détectant la radioactivité, permet d'identifier et de retirer la région en question.

Biopsie excisionnelle

Jadis, il était coutume d'avoir recours à la chirurgie pour retirer une bosse à des fins d'analyse (biopsie excisionnelle).

De nos jours, il est rarement nécessaire d'enlever une bosse ou une région anormale pour en connaître la cause exacte. Il est généralement possible avec les ponctions par aiguille de connaître la nature de la lésion. La plupart des femmes, lorsqu'on les informe que la bosse ou les anomalies détectées sont de nature bénigne, ne demandent pas à ce que celles-ci soient retirées, mais certaines le désirent.

Si votre médecin vous conseille de faire enlever votre bosse ou que vous avez vous-même pris cette décision, cette intervention se pratique généralement sous anesthésie générale, bien qu'elle puisse aussi se pratiquer sous anesthésie locale.

Visites de suivi

Si vous ne recevez pas les résultats le jour même, le médecin vous donnera un autre rendez-vous pour discuter des résultats. Quelquefois, les résultats ne fournissent pas une réponse claire; si c'est le cas, vous devrez peut-être vous soumettre à de nouveaux tests.

Si la biopsie au trocart ou la biopsie assistée par aspiration n'a pas réussi à déterminer la nature de l'anomalie, il se peut que votre médecin vous suggère une biopsie excisionnelle (voir plus haut) pour retirer la bosse en question.

Ce que ces tests nous disent

Les tests par aiguille sont très fiables et ne se trompent à peu près jamais lorsqu'ils détectent un cancer. À l'occasion, la mammographie ou l'échographie détectera un cancer qui se révélera, lors d'un test par aiguille ou par biopsie excisionnelle, de nature bénigne.

Ce qui arrive 1 fois sur 20. C'est pourquoi le médecin vous dira que la bosse peut être cancéreuse, mais qu'il est impossible d'en être absolument sûr avant d'avoir testé la bosse par aiguille ou avant d'avoir retiré la bosse pour l'analyser. La combinaison :

- d'examen minutieux
- de radiographie et (ou) balayage
- de test par aiguille de la bosse

est très fiable. C'est ce que l'on appelle les trois évaluations.

Si vous avez passé ces trois évaluations, il est très rare qu'un cancer, s'il est présent, ne soit pas détecté. Si tous les tests montrent que la bosse n'est pas maligne, il n'est donc pas nécessaire de la faire exciser.

Autres tests

Scintigraphie osseuse

Il arrive parfois qu'on recommande une scintigraphie osseuse à une patiente atteinte d'un cancer du sein pour vérifier si les os sont normaux.

La procédure est la suivante : on injecte une très petite quantité de liquide légèrement radioactif dans une veine du bras. Après l'injection, vous devrez attendre environ deux à trois heures que le liquide parvienne aux os; vous voudrez peut-être apporter un livre pour vous

Scintigraphie osseuse

Ce test montre toute région osseuse anormale partout dans l'organisme. Une petite quantité de substance radioactive est injectée dans une veine, le plus souvent dans le bras, quelques heures avant la scintigraphie. Les anormalités se verront à cause de l'accumulation de la substance radioactive dans la zone affectée.

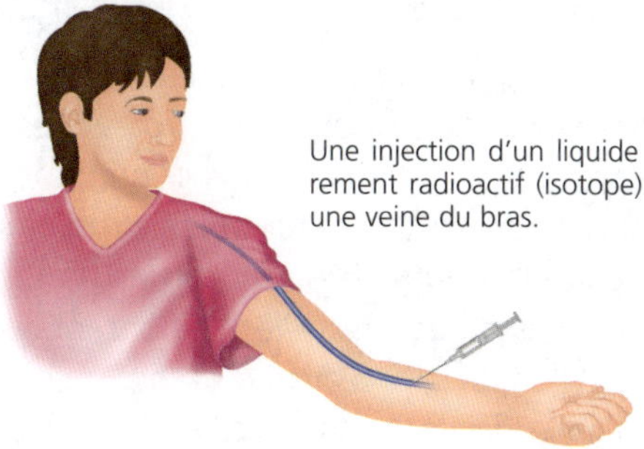

Une injection d'un liquide légèrement radioactif (isotope) dans une veine du bras.

On vous demandera de vous étendre sous une caméra spéciale qui a la propriété de détecter l'isotope dans votre organisme.

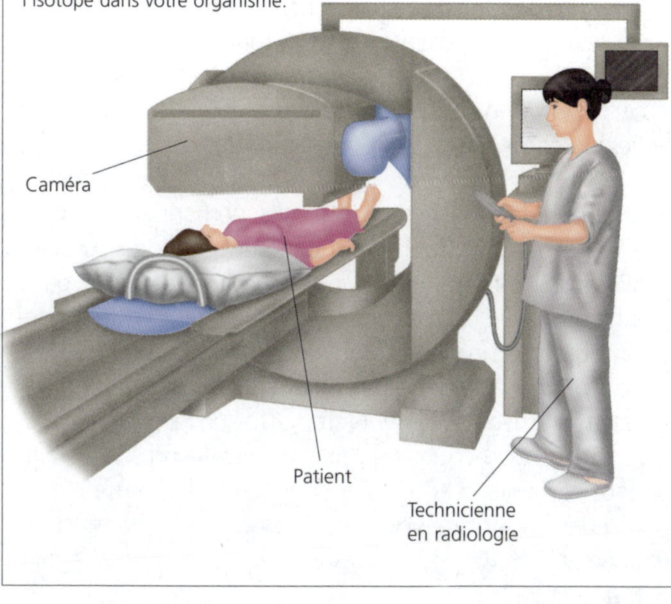

occuper. Venir accompagnée d'une amie n'est pas une mauvaise idée. La substance radioactive injectée est parfaitement inoffensive et disparaît de l'organisme en quelques heures.

Une scintigraphie est prise. Les os anormaux absorbent plus de cette substance radioactive que les os sains et les anomalies apparaissent sur le cliché sous forme d'une zone plus claire ou plus chaude.

Les régions comportant des blessures anciennes ou de l'arthrite se verront sur le scintigraphe comme des points chauds. Pour déterminer si un point chaud est relié à une ancienne blessure, on vous demandera peut-être de passer de nouvelles radiographies de la région en question. Si la présence d'un point chaud est décelée et qu'il y a des lésions visibles aux os, cela pourrait indiquer que le cancer s'est propagé aux os.

Imagerie par résonance magnétique

Ce test n'utilise pas les rayons X, mais le phénomène de résonance magnétique, pour établir une image de votre corps. On s'en sert pour les seins et pour les autres parties du corps, particulièrement pour les os.

C'est un test éprouvant si vous souffrez de claustrophobie. Pendant le test, on vous demandera de vous allonger dans le tunnel pendant une période pouvant aller jusqu'à 40 minutes sans bouger. Si vous avez de la difficulté avec les espaces clos, parlez-en à votre médecin ou au technicien en radiologie.

Comme l'imagerie par résonance magnétique (IRM) est très bruyante, on vous remettra des bouchons d'oreille ou des écouteurs pour réduire le bruit. Certains départements d'IRM vous suggèrent d'apporter votre baladeur pour que vous puissiez écouter de la musique pendant l'IRM. Vous pouvez aussi venir accompagnée d'une amie.

Comme le tunnel est un puissant aimant, vous devrez, avant d'entrer, retirer tous vos objets métalliques. Les gens qui ont un stimulateur cardiaque ou certains clips chirurgicaux ne devraient pas passer d'IRM; vous devez donc en faire part à votre médecin.

IRM du sein

Les IRM du sein sont très fiables mais prennent beaucoup de temps à effectuer; ces tests ne seront donc utilisés que pour certains groupes de femmes. Ce sont des tests très fiables dans le cas des seins de jeunes femmes et ils sont particulièrement utiles pour celles qui ont des antécédents familiaux de cancer du sein.

Les IRM du sein sont aussi très utiles pour les femmes qui ont, sous le bras, une bosse que l'on sait contenir des cellules cancéreuses qui se sont propagées dans un ganglion lymphatique, mais qui n'apparaissent pas sur les radiographies ou les échographies. L'IRM peut quelquefois déceler un cancer du sein qui ne l'avait pas été par les autres méthodes de dépistage.

L'imagerie par résonance magnétique est particulièrement indiquée pour les femmes qui ont subi une chirurgie et (ou) une radiothérapie au sein. La chirurgie et la radiothérapie provoquent l'apparition de tissus cicatriciels et il est difficile de déterminer si l'anomalie décelée dans le sein d'une femme qui a préalablement eu une chirurgie et une radiothérapie est causée par les cicatrices ou quelque chose de plus grave.

L'imagerie par résonance magnétique est aussi la meilleure méthode pour obtenir une image des seins d'une femme qui a des implants mammaires. Si on soupçonne qu'un implant coule ou s'est déchiré, l'IRM demeure la meilleure façon de le savoir.

Imagerie par résonance magnétique (IRM)

L'imagerie par résonance magnétique emploie des aimants très puissants pour aligner les atomes dans la région du corps sous examen. Les ondes électromagnétiques à haute fréquence perturbent l'alignement, provoquant l'émission de signaux par les atomes. Ces signaux sont ensuite mesurés et servent à bâtir une image détaillée des tissus et des organes.

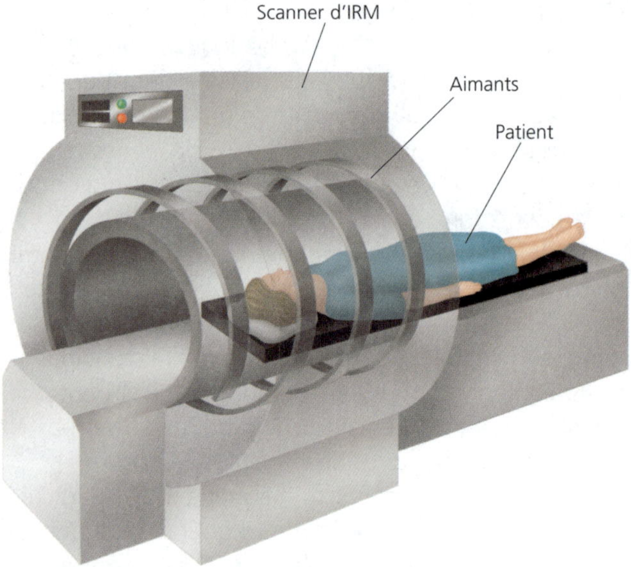

IRM du corps en entier

Déterminer si une anomalie osseuse est due à une blessure antérieure, à de l'arthrite ou bien à un cancer qui s'est propagé n'est pas toujours facile, et l'IRM est une méthode très fiable particulièrement indiquée dans ce cas. On s'en sert pour les patients dont les scintigrammes montrent des points chauds sur les os pour diagnostiquer la cause de cette anomalie osseuse.

Les IRM du foie, du cerveau et de la mœlle épinière sont particulièrement indiquées pour les femmes atteintes du cancer du sein qui développent des symptômes qui laissent croire qu'il pourrait y avoir des anomalies dans ces régions du corps.

Échogramme du foie

Les femmes atteintes de cancers plus étendus qui montrent des signes que leur foie ne fonctionne pas normalement ou qui ont passé des tests montrant que le cancer s'est propagé aux os ou aux poumons peuvent profiter d'un échogramme du foie qui aidera à établir si le cancer s'est propagé au foie. L'échogramme du foie est un test indolore qui ne prend que quelques minutes.

Il sera probablement effectué au département de radiologie de l'hôpital. On vous demandera de vous étendre, un gel sera badigeonné sur votre ventre, puis on passera un petit appareil qui émet des ultrasons au-dessus de la zone qu'on veut examiner. L'écho des ultrasons est converti en image par un ordinateur.

Tomodensitométrie (TDM) du foie

Si l'image fournie par l'échogramme laisse à désirer, le médecin pourrait vous suggérer de passer une tomodensitométrie (TDM). Cette technique utilise les rayons X pour bâtir une image du corps à partir de divers plans. En combinant ces divers plans, il est possible d'avoir une image très précise du foie et de détecter la présence d'anomalies. Dans certains départements, on préfère les TDM aux échogrammes pour faire l'examen du foie.

On s'en sert aussi pour investiguer d'autres régions du corps comme les poumons, les os et le cerveau. Il est utile de savoir si une anomalie détectée par une radiographie ou un échogramme est attribuable à la propagation du cancer du sein.

La tomographie par émission de positons (TEP)

Cette technique repose sur le fait que les cellules cancéreuses croissent plus rapidement que les cellules normales. En utilisant du glucose marqué, qui est la source énergétique de la cellule, les cellules qui ont une croissance plus rapide prennent plus de glucose, ce qui les rend donc plus facilement identifiables sur ces TEP.

La TEP permet ainsi de voir les cancers du sein qui se sont propagés. Le grand inconvénient de la TEP est qu'elle est très chère et n'est disponible que dans cer-

Tomodensitométrie (TDM)

La tomodensitométrie projette des rayons X à travers le corps de différents angles. Les rayons X sont recueillis par des récepteurs et l'information est ensuite analysée par un ordinateur pour créer une image du corps.

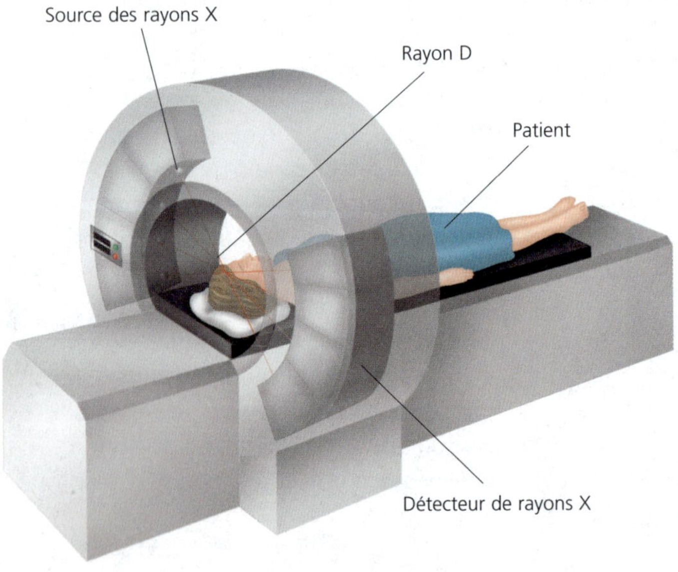

tains centres. On peut aussi la combiner avec la tomodensitométrie.

De plus, on ignore si les TEP fournissent des bénéfices supplémentaires aux patientes aux prises avec es problèmes mammaires comparativement aux autres méthodes d'investigation déjà disponibles dans la plupart des hôpitaux.

POINTS CLÉS

- Si votre médecin pense que vous avez des symptômes probants, il vous référera à une clinique du sein.
- À la clinique du sein, divers tests seront effectués pour déterminer la cause de ces symptômes.
- Ces tests comprennent habituellement un examen physique des seins et de la région environnante, une mammographie, des scintigrammes et des biopsies par aiguille.
- Il est habituellement possible d'établir un diagnostic au sujet d'une bosse ou d'une anomalie détectée par radiographie en effectuant un test par aiguille après avoir injecté un anesthésiant local.
- D'autres tests peuvent vérifier si le cancer s'est propagé à d'autres parties du corps comme les os (scintigraphie osseuse) et le foie (échogramme du foie).

Stades et types de cancer du sein

Y a-t-il plusieurs types de cancer du sein ?

Beaucoup de femmes n'ont pas conscience que le cancer du sein n'est pas une maladie qui se traite de façon habituelle avec les mêmes perspectives d'avenir pour chacune des personnes qui en est atteinte. Il existe plusieurs types de cancer du sein, et plusieurs aspects de cette maladie déterminent le meilleur traitement et la perspective d'avenir d'une patiente donnée par rapport à une autre atteinte du même cancer du sein.

Les facteurs qui entrent en compte sont :

- la grosseur de la tumeur;
- son allure lorsqu'on l'examine au microscope;
- si elle s'est propagée aux ganglions lymphatiques;
- si le cancer est hormonodépendant;
- si le cancer montre des signes de croissance sur sa surface ou s'il est un cancer HER2 positif.

Les cancers du sein se classent en deux types principaux :

- non invasif;
- invasif.

Cancers non invasifs

Les cancers du sein se développent à partir des cellules qui tapissent les lobules (les feuilles dans l'arbre « sein ») et les canaux (ou branches). Les cellules cancéreuses confinées aux lobules et aux canaux sont qualifiées de *in situ* ou non invasives.

On les qualifie quelquefois de précancer et, selon leur apparence au microscope, ils se divisent en deux types. Ces deux types sont :

1. carcinome canalaire *in situ* (CCIS)
2. carcinome lobulaire *in situ* (CLIS)

Un autre terme pour le CLIS est celui de néoplasie lobulaire.

On a longtemps pensé que le carcinome lobulaire *in situ* provenait des lobules et le carcinome canalaire, des canaux mammaires. Nous savons aujourd'hui que c'est faux. Tous les cancers proviennent du lobule seulement ou de l'embranchement terminal des canaux et du lobule, soit l'unité terminale ducto-lobulaire.

Carcinome canalaire *in situ* (CCIS)

On fait souvent référence à cette maladie par ses initiales, CCIS, plutôt que par l'emploi du nom carcinome canalaire *in situ* au complet. Les cellules tapissant les canaux lactifères qui transportent le lait jusqu'au mamelon peuvent proliférer jusqu'à paraître cancéreuses, mais elles se confinent aux canaux lactifères.

Cellules non invasives ou précancéreuses

Le carcinome canalaire *in situ* (CCIS) est une forme précoce du cancer du sein, quelquefois décrite comme un cancer intracanalaire ou non invasif. Cela signifie que les cellules cancéreuses sont à l'intérieur des canaux lactifères (l'unité terminale ducto-lobulaire) ou *in situ* et n'ont pas encore développé la capacité de se propager à travers le sein ou à l'extérieur de celui-ci. Il existe plusieurs types de CCIS.

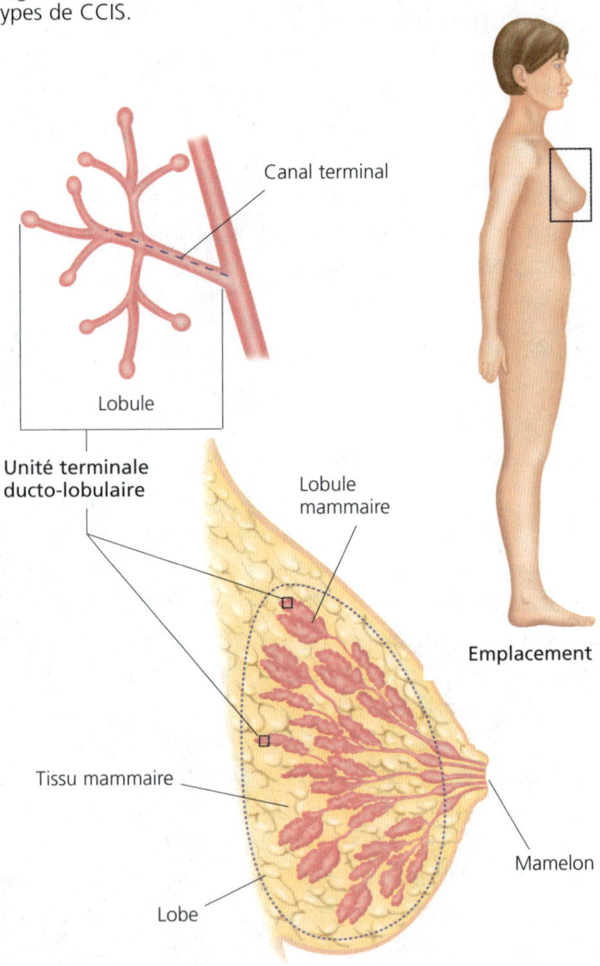

Le CCIS est parfois qualifié de pré-invasif, non invasif ou cancer intracanalaire.

Ce cancer était jadis plutôt rare mais est devenu plus courant depuis l'introduction du dépistage systématique du sein. Bien que le CCIS se présente parfois sous forme d'une bosse, la plupart des femmes qui ont le CCIS n'ont aucun signe ou symptôme et ne l'apprennent que lorsqu'elles passent une mammographie.

Le CCIS se manifeste sur la mammographie comme une zone bien localisée de microcalcification, et les éclats de calcium sont très petits. Parfois, les femmes qui ont le CCIS ont une bosse ou un écoulement du mamelon.

Si le CCIS n'est pas soigné à temps, il est probable que les cellules cancéreuses se propagent et envahissent les tissus environnants pour devenir un vrai cancer invasif. Bien que le CCIS doive être traité pour empêcher qu'il ne se transforme en cancer invasif, si on l'extirpe complètement, il ne causera plus de problème.

Seules certaines femmes qui ont le CCIS développeront un cancer invasif. Il existe divers types de CCIS basés sur l'agencement des cellules et leur apparence sous le microscope.

La classification la plus courante est celle basée sur la ressemblance des cellules du CCIS aux cellules normales qui tapissent les canaux lactifères. Ces trois groupes sont :

1. bas grade nucléaire
2. grade intermédiaire
3. haut grade nucléaire

Bas grade CCIS

Ces cellules ressemblent aux cellules normales de plus d'une manière, bien qu'elles soient manifestement anormales. Elles ont le taux de croissance le plus bas.

Grade intermédiaire CCIS

Ces cellules partagent certaines caractéristiques avec les cellules normales. Elles ont un taux de croissance qui se situe entre celui des cellules de bas grade et celui des cellules de haut grade.

Haut grade CCIS

Les cellules CCIS de ce groupe sont de plus grande dimension et ne ressemblent pas aux cellules normales qui tapissent les canaux lactifères. Elles ont le plus haut taux de croissance et ont tendance à être plus grosses que les autres types de cellules CCIS. Elles se détachent parfois de leur approvisionnement en sang, ce qui provoque donc la mort de certaines régions de ces cellules – c'est ce qu'on appelle la nécrose.

Après avoir extirpé une région de bas grade CCIS, il semble que le taux de récidive du CCIS soit assez bas et que les risques de développer un nouveau cancer dans cette région du sein soient assez bas aussi. Contrairement aux cellules de haut grade CCIS qui ont plus de risques de récidive après l'extirpation et qui ont tendance à développer un cancer invasif.

Si un cancer se développe dans une région du sein colonisée par des cellules bas grade CCIS, ce sera probablement un cancer moins agressif. En ce qui concerne un cancer qui se développe après le traitement d'une région de haut grade CCIS, il aura tendance à être un cancer de type haut grade, soit un cancer invasif.

Comment traite-t-on le CCIS ?

La chirurgie constitue le principal traitement du CCIS. Lorsque le CCIS est totalement extirpé du sein, la patiente devrait être guérie.

Chirurgie conservatrice

Si le CCIS est localisé dans une petite portion du sein, une chirurgie conservatrice (ablation complète du CCIS et d'une petite portion de tissus environnants) est habituellement possible.

Par contre, si on a seulement utilisé la chirurgie conservatrice pour traiter le CCIS, il y a un risque que le CCIS revienne ou qu'un cancer invasif se développe plus tard, dans les tissus qui bordent l'endroit où a eu lieu la chirurgie.

Radiothérapie

C'est pour cette raison qu'on recommande à la plupart des femmes qui ont eu le CCIS et une chirurgie conservatrice d'avoir une radiothérapie après leur chirurgie pour réduire considérablement les risques de récidive. Quant aux femmes atteintes de CCIS de bas grade ou de grade intermédiaire, beaucoup d'entre elles sont guéries par le seul emploi de la chirurgie conservatrice.

Mastectomie

Bien que la chirurgie conservatrice soit possible pour les zones petites et moyennes de CCIS, si la maladie occupe une portion du sein de plus de quatre centimètres ou que plus d'une zone du sein est affectée par le CCIS, la mastectomie est habituellement conseillée.

Les patientes qui ont eu le CCIS et subi une mastectomie sont des candidates idéales pour la reconstruction mammaire. Elles peuvent choisir une mastectomie où l'enveloppe cutanée est préservée et les cicatrices réduites au strict nécessaire.

Lors de l'intervention, le chirurgien retirera souvent quelques ganglions qui se trouvent dans l'aisselle pour vérifier s'ils sont exempts de cellules cancéreuses. Pour identifier les ganglions les plus susceptibles d'être affectés, on a recours à une procédure appelée biopsie du ganglion sentinelle (voir à la page 120).

Il arrive parfois, lorsque la région atteinte de CCIS est assez grande, que l'on détecte au microscope de petites zones où le cancer est devenu invasif. Vérifier les ganglions lymphatiques devient la meilleure façon de s'assurer que le cancer ne s'est pas propagé ailleurs.

Cette chirurgie à l'aisselle n'augmente pas de façon significative le risque de développer des problèmes suite à l'opération, mais évite aux femmes chez qui on a détecté des cellules cancéreuses, après examen des tissus prélevés par le chirurgien, d'avoir à subir une seconde chirurgie.

Il existe des données contradictoires à propos du tamoxifène et de son effet bénéfique sur les femmes atteintes de CCIS. Des études sont présentement en cours pour savoir si les inhibiteurs de l'aromatase (voir à la page 146) peuvent leur être utiles. Il semble que le tamoxifène réduise les risques de récidive du CCIS ou qu'un cancer invasif se développe chez les femmes atteintes de CCIS avec récepteurs hormonaux positifs.

Carcinome lobulaire *in situ* (CLIS) ou néoplasie lobulaire

La néoplasie lobulaire, connue aussi sous le nom de néoplasie lobulaire intra-épithéliale (LIN), est le nouveau terme utilisé qui regroupe deux maladies qui étaient jusqu'ici considérées comme deux entités :

1 hyperplasie lobulaire atypique

2 carcinome lobulaire *in situ*

Cette maladie est diagnostiquée par le pathologiste après l'examen d'une biopsie du sein. Normalement, une seule couche de cellules tapisse le lobule du sein. Lorsqu'il y a deux couches et plus de cellules, on parle d'hyperplasie. Au fur et à mesure que les couches de cellules s'empilent, le lobule du sein augmente de volume.

Lorsque le lobule et les canaux avoisinants sont gonflés par des cellules anormales rondes ou régulières, le pathologiste considère qu'il a affaire à une néoplasie lobulaire, une affection beaucoup plus rare que le CCIS.

Cette affection n'est pas un cancer, mais sa présence dans le sein signifie qu'il existe un risque accru que le cancer du sein se développe plus tard dans la vie. Même avec ce risque accru, la plupart des femmes qui ont eu une néoplasie lobulaire ne seront pas atteintes du cancer du sein.

Il n'est pas nécessaire de retirer la néoplasie lobulaire au complet parce que le fait d'avoir cette affection nous dit simplement que cette personne risque de contracter le cancer du sein, mais le cancer peut se développer n'importe où dans l'un ou l'autre des deux seins. C'est pour cette raison qu'on recommande un suivi minutieux avec des mammographies sur une base régulière pendant 10 à 15 ans.

Les patientes atteintes de néoplasie lobulaire sont des candidates idéales pour quelques-unes des études cliniques qui testent de nouveaux médicaments contre le cancer du sein. Une étude américaine a testé le tamoxifène, et les patientes atteintes de néoplasie lobulaire qui ont pris ce médicament pendant cinq ans ont réduit de moitié leurs risques de développer un cancer du sein durant cette période.

Comment pose-t-on le diagnostic de la néoplasie lobulaire ?

La néoplasie lobulaire est habituellement découverte par hasard chez les femmes qui ont eu une biopsie du sein pour une bosse ou une anomalie détectée à l'aide d'un test de dépistage.

Parfois, la néoplasie lobulaire provoque une calcification, mais on la trouve le plus souvent par hasard lors de l'analyse d'une biopsie au microscope.

Comment traite-t-on la néoplasie lobulaire ?

La plupart des femmes qui ont une néoplasie lobulaire n'ont pas besoin de traitement.

Par contre, si vous avez une néoplasie lobulaire et de forts antécédents familiaux de cancer du sein, le médecin pourrait vous suggérer de passer sous le bistouri.

Comme les femmes qui ont une néoplasie lobulaire courent davantage le risque de contracter le cancer du sein, des mammographies annuelles sont recommandées pour une période de 10 à 15 ans après le diagnostic.

Cancers invasifs

Un cancer est classifié invasif si les cellules ont migré pardelà les canaux et les lobules dans les tissus environnants. Un cancer non invasif peut se transformer en un cancer invasif s'il n'est pas traité.

Les cancers invasifs ont la capacité de se propager localement dans le sein et d'entrer dans le réseau lymphatique du sein pour se propager aux ganglions axillaires, l'endroit où le cancer du sein se propage le plus souvent.

Comment le cancer se propage

Les tumeurs cancéreuses migrent vers des sites éloignés dans le corps par un processus appelé métastase. Au cours de la métastase, la cellule cancéreuse se détache de la tumeur maligne et se déplace via le sang ou la lymphe vers un nouveau site.

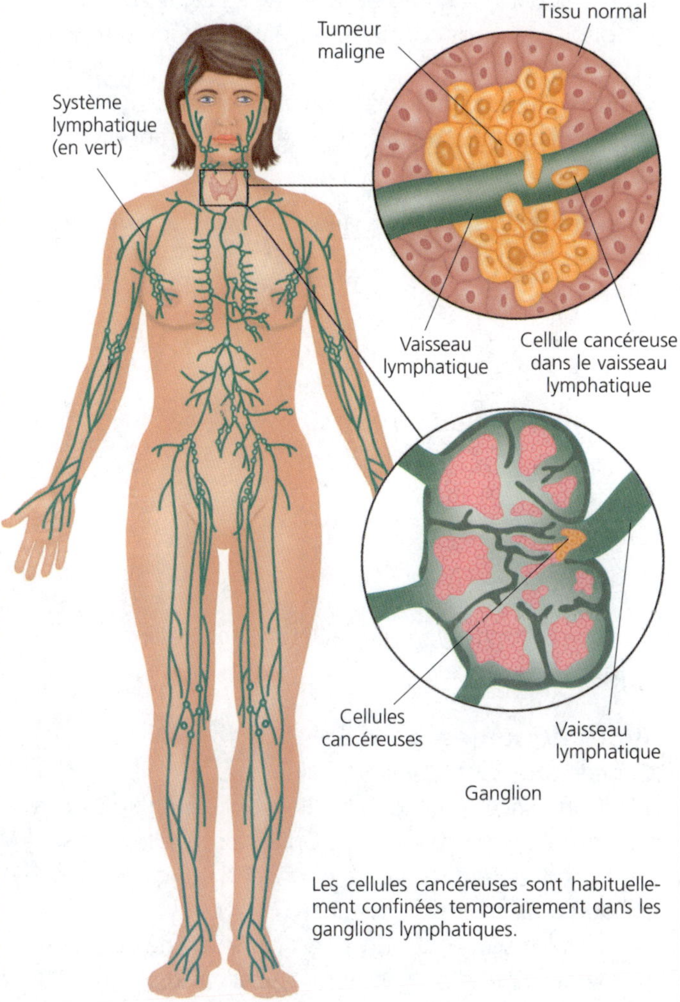

Les cellules cancéreuses sont habituellement confinées temporairement dans les ganglions lymphatiques.

Quelquefois, des cellules cancéreuses entrent dans le système sanguin soit par les nœuds lymphatiques, soit en croissant directement dans les vaisseaux sanguins du sein. Une fois dans le système sanguin, elles peuvent se propager partout dans l'organisme, les os, les poumons, le foie et le cerveau étant les parties le plus souvent atteintes.

Il y a plusieurs manières de classifier les cancers invasifs; le système de classification le plus courant divise les cancers en deux types :

1. Types de tumeurs spéciales : les types de cancers invasifs du sein sont :
   - tubuleux;
   - cribriforme;
   - mucineux ou colloïde;
   - papillaire;
   - médullaire;
   - lobulaire.
2. Tumeurs sans type spécial (NST), également appelées cancers canalaires invasifs

Types de tumeurs spéciales

Cancer tubuleux invasif

C'est un cancer peu courant. Environ 2 à 3 % des cancers du sein sont de ce type. On le retrouve le plus souvent chez les femmes dont le cancer a été diagnostiqué à l'aide d'un test de dépistage.

Au microscope, ce cancer est constitué de cellules en forme de tube, d'où son nom. Le cancer tubuleux a un très bon pronostic et peu de gens décèdent des suites de ce cancer. Comme le pronostic est très bon, ce cancer nécessite moins de traitements et les femmes qui en sont atteintes n'ont à peu près jamais besoin de chimiothérapie.

Cancer invasif cribriforme

Ce cancer est encore plus rare que le cancer tubuleux. Sous le microscope, l'agencement des cellules groupées, dotées de plusieurs trous au milieu, rappelle le fromage suisse. Ces cancers sont étroitement liés aux cancers invasifs tubuleux et ont aussi un très bon pronostic.

Cancer invasif mucineux ou colloïde

Dans ce type de tumeur, les cellules cancéreuses produisent une substance épaisse et visqueuse comme de la gelée appelée mucine. Ces cancers se voient bien sur les radiographies et sont un peu plus courants chez les femmes âgées.

Leur pronostic est très bon. Mais s'ils ne sont pas traités, ils peuvent devenir assez gros. Ils portent aussi le nom de cancers colloïdaux.

Cancers papillaires

Ces cancers ont des saillies qui ressemblent à des doigts et qui sont tapissées de cellules cancéreuses. Comme les cancers médullaires et mucineux, ils apparaissent souvent comme des bosses aux contours bien définis. Il est parfois difficile de dire si ces cancers sont invasifs ou non. Les femmes atteintes de ce type de cancer ont tendance à mieux s'en sortir que les femmes atteintes de cancers sans type spécial.

Cancer invasif médullaire

Ce type de cancer est peu répandu chez les femmes qui n'ont pas d'antécédents familiaux de cancer du sein, mais se retrouve plus couramment chez les femmes porteuses de la mutation du gène BRCA1. Les masses qu'il forme dans le sein ont tendance à être molles et arrondies.

Elles ne sont pas faciles à détecter aux rayons X et ont l'apparence d'une bosse bénigne sur les mammographies. Les femmes atteintes de cancers médullaires ont tendance à avoir un pronostic légèrement meilleure que les femmes atteintes de cancers sans type spécial.

Cancer lobulaire invasif

Entre 5 et 10 % de tous les cancers appartiennent à la catégorie des cancers lobulaires invasifs. On les appelle lobulaire parce qu'on croyait que ce type de cancer provenait des lobules alors que les cancers sans type spécial (aussi appelés cancers canalaires invasifs) prenaient naissance dans les canaux.

On sait aujourd'hui que c'est faux et que tous les cancers proviennent de l'unité terminale ductolobulaire. Les cancers lobulaires invasifs sont toutefois toujours classés à part et l'ancien nom persiste non seulement parce qu'ils ont une morphologie très différente des autres cancers sous le microscope, mais aussi parce que leur comportement diffère des cancers sans type spécial.

Dans le cancer lobulaire invasif, les cellules cancéreuses s'avancent à travers les tissus normaux en formant des lignes. Plutôt que de former une bosse, ce type de propagation ne forme souvent qu'un épaississement.

Le carcinome lobulaire invasif (CLI) est un type de cancer que les médecins trouvent très difficile à diagnostiquer. Il est difficile à palper et ses contours, difficiles à cerner. Il n'apparaît pas toujours sur les mammographies, et les tests par aiguille peuvent facilement prélever du tissu sain et rater les cellules cancéreuses qui y sont intercalées. En outre, le CLI a tendance à moins projeter d'ombre sur les échographies que les cancers sans type spécial.

Pour toutes ces raisons, les cancers lobulaires invasifs sont souvent plus étendus que les cancers sans type spécial lorsqu'ils sont découverts et se sont souvent déjà propagés aux ganglions lymphatiques.

Il n'est pas toujours possible de déterminer l'étendue de ce cancer par le seul examen de la bosse; ce qui s'avère un problème pour le chirurgien, car il pourrait penser que le cancer est petit et localisé et découvrir pendant l'intervention chirurgicale qu'il est beaucoup plus important.

Presque la moitié des patientes atteintes d'un cancer lobulaire invasif qui ont subi une chirurgie mammaire conservatrice ont dû être opérées de nouveau. Une IRM est parfois utile pour évaluer l'ampleur de la maladie.

Les patientes atteintes d'un cancer lobulaire invasif ont un risque légèrement plus élevé que la moyenne de développer un cancer dans l'autre sein comparativement à celles atteintes d'un cancer sans type spécial.

Cancers sans type spécial (aussi appelés cancers canalaires invasifs)

La plupart des cancers, environ 85 %, appartiennent à la catégorie des cancers invasifs sans type spécial qu'on appelle aussi cancers canalaires invasifs parce qu'on croyait à tort qu'ils prenaient naissance dans les canaux mammaires tout comme le cancer lobulaire invasif, qu'on croyait issu des lobules.

Il est malheureux que le nom que portent ces cancers fasse référence à une conception erronée de leur nature.

Il existe un large éventail de cancers sans type spécial et on peut les diviser en groupes basés sur leur grade (c'est-à-dire selon leur apparence d'anormalité au microscope) et selon qu'ils ont ou non des récepteurs d'hormones ainsi que certains facteurs de croissance à leur surface.

Divers types de cancers invasifs sans type spécial

Les cancers du sein invasifs sans type spécial sont un assemblage de diverses maladies. Vous comprendrez mieux si on compare les cancers du sein aux chiens.

À un bout du spectre, il y a les petites tumeurs de bas grade qui ont un excellent pronostic et qui sont rarement mortelles; ces cellules cancéreuses ressemblent aux cellules mammaires normales, et c'est la raison pour laquelle elles sont classées dans la catégorie de bas grade ou grade 1; ces cancers se comportent comme un petit chien de compagnie bien dressé.

À l'autre bout du spectre, il y a les cancers qui se sont propagés et qui causent des problèmes ailleurs dans l'organisme, et dont les cellules ont une croissance très rapide; elles ne ressemblent pas du tout à des cellules normales sous le microscope. Ces cancers font partie de la catégorie de haut grade ou grade 3 et se comportent comme un rottweiler indressable.

Ces cancers de grade 3 répondent bien aux traitements modernes comme la chimiothérapie. Il s'agit d'en savoir le plus possible sur la tumeur individuelle et d'adopter un traitement fait sur mesure pour vous et votre cancer.

Récepteurs d'hormones et facteur de croissance

L'estrogène et la progestérone jouent un rôle important dans le cancer du sein. Les récepteurs d'estrogène (ER) sont présents dans environ 75 % des cancers du sein. Les ER sont présents en grande quantité dans les cellules cancéreuses. Les ER sont donc une cible de choix pour traiter le cancer. Si on prive les cellules cancéreuses d'estrogène, le cancer arrêtera de croître et régressera éventuellement. La majorité des cancers qui expriment des ER ont aussi des récepteurs pour la progestérone qu'on appelle des PR. La présence de ER et de PR indique que le cancer est susceptible de réagir à la privation d'estrogène comparativement à un cancer qui n'a pas de ER ni de PR (ER et PR négatifs) et qui ne bénéficierait pas d'un traitement hormonal.

Les facteurs de croissance des cellules cancéreuses contrôlent le taux de croissance du cancer. Le groupe le plus important de facteurs de croissance sont les récepteurs du facteur de croissance épidermique (EGF). Il existe quatre récepteurs d'EGF, le plus important étant le EGF2. En bloquant le EGF2 avec un nouveau type de médicament appelé trastuzumab (voir à la page 168), mieux connu sous le nom d'Herceptin, on réduit la croissance du cancer, ce qui a pour effet de le faire régresser et, chez certaines patientes, de l'éradiquer complètement.

Environ 15 à 20 % de tous les cancers ont beaucoup de récepteurs EGF2 et sont donc de bons candidats pour le traitement au trastuzumab. Des traitements pour bloquer les récepteurs EGF1 ont été développés. Un nouveau médicament oral, le lapatanib (voir à la page 169), bloque les récepteurs EGF1, EGF2 et EGF3.

Actuellement, les ER et les EGF2 sont vérifiés dans tous les cancers du sein. Certaines cliniques du sein vérifient systématiquement les PR tandis que d'autres ne vérifient les PR que dans les cas de cancer ER négatif pour s'assurer qu'ils ne sont pas susceptibles de bénéficier d'un traitement hormonal. La présence de ER est rendue tout simplement par l'annotation ER positif (+ve) et son absence, par l'annotation ER négatif (-ve). Un barème d'usage courant classe tant les ER que les PR sur une échelle de 0 à 8. Zéro étant négatif. Le 1 n'est pas noté et le 2 correspond à un niveau très bas de récepteurs. La plupart des cancers ont des taux élevés de ER et de PR et obtiennent des scores de 6, 7 ou 8.

Les récepteurs EGF2 sont aussi annotés en positif et en négatif, mais pour le savoir, deux tests doivent être faits dans les cas limites et cela prend parfois de 10 à 14 jours avant d'avoir les résultats de ces tests.

Les cancers sont hormonodépendants lorsqu'ils sont ER+, PR+; il y a peu de cancers, s'il y en a qui sont ER-, PR+. Environ 20 % des cancers sont hormono-résistants; ce sont des cancers ER-, PR-. Les cancers sont considérés comme triple-négatifs (ER-, PR-, EGF2-) lorsque les tests pour ces trois marqueurs sont négatifs. Les cancers triple-négatifs se retrouvent souvent chez les femmes porteuses d'un gène BRCA1 anormal (voir à la page 223), tendent à avoir un pronostic plutôt sombre, bien qu'environ la moitié des patientes répondent bien à la chimiothérapie.

Avant l'avènement du trastuzumab, les cancers EGF2 positifs avaient un pronostic nettement moins bon que les EGF2 négatifs. Ce médicament a amélioré de façon spectaculaire le pronostic des femmes atteintes d'un cancer EGF2 positif au point où il n'y a presque plus de différence de pronostic aujourd'hui entre les cancers EGF2 positifs et les EGF2 négatifs.

Le système lymphatique et les nœuds lymphoïdes

Le système lymphatique est un réseau de canaux lymphatiques et de ganglions qui servent à lutter contre les infections. Pour pénétrer dans l'organisme, un germe devra passer par les canaux lymphatiques jusqu'aux ganglions où les cellules qui participent à la lutte contre les germes sont stockées.

Les globules blancs contenus dans les ganglions tuent eux-mêmes les germes ou les éliminent en sécrétant des substances appelées anticorps qu'ils libèrent dans le flux sanguin.

Le flux principal de lymphe du sein aux ganglions se trouve sous le bras. Cette région est appelée axillaire et les ganglions sous le bras sont qualifiés de ganglions axillaires ou nœuds lymphatiques axillaires.

Il est important de savoir si un cancer est localisé au sein ou s'il s'est propagé aux ganglions ou autres parties du corps. Les médecins décrivent les cancers par l'étendue de leur propagation et classent le cancer du sein en stades. Une classification encore plus simple est de diviser le cancer du sein en trois groupes :

- cancer du sein précoce;
- cancer du sein localement avancé;
- cancer du sein métastatique.

Le système lymphatique du sein

Les vaisseaux sanguins et lymphatiques forment un réseau qui irrigue le sein. Le tissu mammaire est drainé par les vaisseaux lymphatiques qui conduisent aux ganglions axillaires et aux nœuds mammaires internes (qui longent le sternum). C'est une notion importante puisque les cellules cancéreuses peuvent se détacher du foyer tumorale principal et se propager aux autres parties du corps par le biais du système lymphatique.

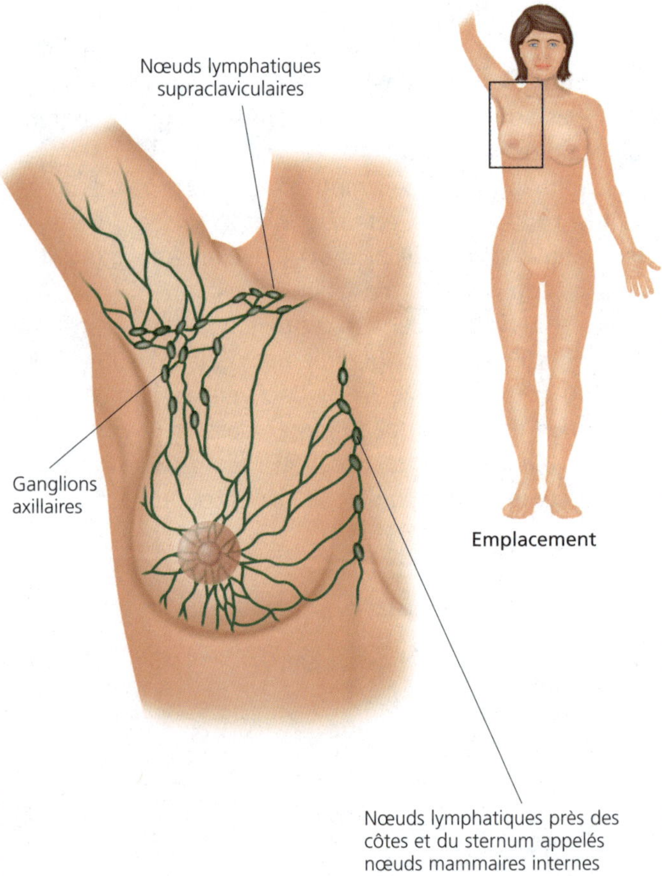

Cancer du sein précoce

C'est un cancer qui se confine au sein et (ou) aux nœuds lymphatiques de l'aisselle sur le même côté du corps.

Cancer du sein localement avancé

C'est un cancer qui ne s'est apparemment pas propagé au-delà du sein et de l'aisselle mais qui montre un ensemble de signes qui suggère que la chirurgie ne serait pas un traitement efficace.

Dans les cancers du sein localement avancés, la peau du sein est anormale, enflée ou rouge et le cancer croît directement dans la peau ou dans les muscles et les côtes de la paroi thoracique.

Si ces cancers sont soignés exclusivement par la chirurgie, celle-ci ne sera efficace que chez moins de la moitié des patientes. Chez les autres, le cancer réapparaît malgré la chirurgie, souvent à côté de l'endroit où la chirurgie a été pratiquée.

Ces cancers réagissent bien à une thérapie médicamenteuse, suivie d'une chirurgie et (ou) d'une radiothérapie.

Cancer du sein métastatique

C'est un cancer qui s'est propagé ailleurs que dans le sein et l'aisselle, à d'autres régions du corps comme les os, le foie, les poumons et même le cerveau. Ces cancers réagissent bien à des médicaments qui peuvent atteindre les cellules cancéreuses partout dans l'organisme; ce traitement est parfois combiné à une radiothérapie locale.

Stadification

Le cancer du sein se divise en stades – appelés couramment stadification –, et il y a 5 stades, du stade 0 au stade 4.

Ces cancers ont un risque similaire et demandent le plus souvent des traitements très similaires.

Stade 0 : maladie très précoce

Ce stade indique que le cancer du sein existant est non invasif comme les CCIS ou la maladie de Paget (voir à la page 94), tous jumelés à un CCIS sous-jacent. Le stade 0 comprend donc exclusivement les carcinomes *in situ*.

Il y a deux types de maladies de stade 0 ou carcinome *in situ* :

1. carcinome canalaire *in situ* ou CCIS, cancer non invasif ou précancer
2. carcinome lobulaire *in situ* (CLIS), appelé parfois néoplasie lobulaire

Les cellules anormales du stade 0 ne se sont pas propagées en dehors des canaux ou des lobules pour envahir les tissus avoisinants.

Stade 1 : maladie précoce

Pour être classé dans le stade 1, le cancer doit :

- mesurer moins de deux centimètres (environ ¾ po);
- être localisé dans le sein; ce qui veut dire qu'il ne s'est pas propagé aux ganglions ou ailleurs dans l'organisme.

Stade 2 : maladie précoce

Pour être classé dans le stade 2, le cancer doit :

- mesurer moins de deux centimètres et s'être propagé aux ganglions axillaires; ou

- mesurer entre deux et cinq centimètres avec atteinte ou non des ganglions; ou
- mesurer plus de cinq centimètres (deux po), mais sans s'être propagé aux ganglions axillaires.

Stade 3 : cancer du sein localement avancé

Pour être classé dans le stade 3, le cancer ne doit pas s'être propagé au-delà de :

- la peau qui recouvre le sein;
- la région des nœuds lymphatiques;
- la paroi thoracique.

Ce stade se divise en trois groupes : stades 3a, 3b et 3c.

Stade 3a

- La tumeur du sein doit mesurer moins de cinq centimètres et le cancer, qui a atteint les ganglions axillaires, doit s'être propagé au-delà des ganglions, dans les tissus avoisinants comme les muscles sous-jacents ou la peau; ou
- La tumeur mesure plus de cinq centimètres et les ganglions axillaires sont affectés ainsi que les tissus avoisinants.

Stade 3b

- La tumeur doit s'être développée dans la peau qui recouvre le sein, ce qui peut provoquer un ulcère et des saignements; ou
- La tumeur s'est propagée du sein aux muscles sous-jacents et aux côtes de la paroi thoracique; ou

- La tumeur doit s'être propagée aux ganglions situés sous le sternum – connus sous le nom de nœuds mammaires internes; ou

- Un cancer inflammatoire est présent. C'est une forme rare de cancer. La section suivante de ce chapitre décrit cette affection (voir à la page 93). Un diagnostic de cancer inflammatoire est posé lorsque le sein est rouge, enflé et enflammé. Les cellules de ce cancer agissent en bloquant les canaux lymphatiques, ce qui provoque une réaction d'inflammation dans les tissus.

Stade 3c

- Les ganglions sous le sternum et sous le bras sont atteints par le cancer; ou

- Les ganglions au-dessus de la clavicule, connus sous le nom de nœuds supraclaviculaires, sont atteints.

Stade 4 : maladie métastatique

Un cancer est au stade 4 lorsqu'il a métastasé (s'est propagé) au-delà du sein et des nœuds axillaires à d'autres parties du corps. Les patientes en sont parfois à ce stade lorsqu'elles se présentent pour la première fois à l'hôpital.

Si le cancer récidive, il réapparaît dans une autre partie de l'organisme plusieurs années après un traitement apparemment efficace contre le cancer du sein.

C'est seulement lorsque le cancer réapparaît et affecte d'autres parties du corps, au-delà du sein et des ganglions axillaires, des endroits comme les os, les poumons, le foie et le cerveau, qu'il est considéré comme un cancer de stade 4. Même lorsque le cancer s'est propagé à ces sites, il est possible de le traiter.

Cancers du sein de types inhabituels

Cancer du sein inflammatoire

Qu'est-ce qu'un cancer du sein inflammatoire ?

Un cancer du sein est inflammatoire lorsque ses cellules produisent un gonflement de tout le sein et que ces dernières croissent près des canaux lymphatiques et finissent par les bloquer. Le sein apparaît enflé, rouge et chaud.

Signes et symptômes

Les symptômes apparaissent soudainement. Le sein est sensible, rouge et chaud au toucher. Il y a souvent des stries ou des marques aux endroits où le soutien-gorge exerce une pression sur la peau.

Les autres symptômes sont une bosse ou un épaississement du sein, un écoulement du mamelon ou une bosse en dessous du bras.

Traitement

Une combinaison de traitements sera habituellement requise, comme la chimiothérapie, la radiothérapie, l'hormonothérapie et la chirurgie. Pour la plupart des cancers du sein, la chirurgie est souvent le premier traitement, mais pour le cancer du sein inflammatoire, la chimiothérapie et la radiothérapie s'imposent en premier. On associe parfois la chimiothérapie au traitement au trastuzumab si le cancer est EGF2 positif (voir à la page 222).

Habituellement, on administre entre quatre et huit doses de chimiothérapie. L'effet du traitement sera évalué après quatre doses de chimiothérapie. On constate habituellement une réduction de l'enflure, de la rougeur et de la douleur au cours du traitement de chimiothérapie.

À l'occasion, la chimiothérapie pourra faire disparaître complètement le cancer. Le traitement qui suit habituellement la chimiothérapie est la chirurgie et (ou) la radiothérapie.

Maladie de Paget du mamelon

La maladie de Paget du mamelon est rare. Moins de 5% des femmes atteintes du cancer du sein ont la maladie de Paget. Cette maladie affecte parfois les hommes. Les cellules cancéreuses croissent aux extrémités des canaux lactifères dans la peau du mamelon.

Dans cette maladie, le mamelon se desquame comme dans les cas d'eczéma. Le médecin peut différencier ces deux affections par le fait que la maladie de Paget du mamelon affecte toujours le mamelon en premier, alors que l'eczéma affecte plutôt la région qui entoure le mamelon, l'aréole, en premier.

La maladie de Paget n'affecte d'habitude qu'un seul sein, contrairement à l'eczéma qui affecte souvent les deux. Dans la maladie de Paget, l'éruption cutanée peut être prurigineuse et il y a souvent un écoulement provenant du mamelon.

Environ la moitié des patients atteints de la maladie de Paget ont une bosse sous-jacente. La plupart des patients qui ont le cancer et la maladie de Paget ont soit un CCIS dans les canaux sous le mamelon, soit un cancer invasif quelque part dans le sein.

Pour savoir si l'on a affaire à la maladie de Paget du mamelon, une petite biopsie de la peau est pratiquée et envoyée au laboratoire.

Traitement

Si la maladie de Paget est associée avec le CCIS ou un cancer dans le sein, le traitement sera mené en conséquence, mais le mamelon devra dans les deux cas être retiré.

Le traitement de la maladie de Paget du mamelon en tant que telle consiste en une chirurgie pour retirer le mamelon, qui est habituellement suivie d'une radiothérapie.

Des examens annuels et des mammographies sont de mise.

Lymphome et sarcome du sein

À l'intérieur du sein, il y a du tissu lymphoïde et du tissu conjonctif où parfois une tumeur se développe. Cela est plutôt rare. Les excroissances malignes provenant des tissus lymphoïdes sont connues sous le nom de lymphomes et les excroissances provenant du gras et des tissus fibreux sont connues sous le nom de sarcomes.

Métastases au sein

Il est plutôt rare qu'un cancer d'un autre site, un cancer du poumon ou de la peau par exemple, se propage au sein. Plus de 99 % des cancers du sein commencent dans le sein. Les cancers du sein ont une morphologie particulière au microscope, et si votre médecin vous dit que vous avez un cancer du sein, soyez assurée que la croissance a bel et bien débuté dans le sein.

POINTS CLÉS

- Il existe plusieurs types de cancer du sein et certains ont un meilleur pronostic que d'autres.
- Le traitement pour le carcinome canalaire *in situ* (CCIS) devrait empêcher le cancer de progresser; la plupart des femmes atteintes de CCIS peuvent être traitées par chirurgie conservatrice, mais si le CCIS occupe une portion importante du sein, la mastectomie doit être envisagée.
- Il est impérieux de savoir si le cancer du sein s'est propagé aux nœuds lymphatiques axillaires ou ailleurs dans l'organisme.
- Une batterie de tests est effectuée après qu'un diagnostic de cancer du sein a été posé pour vérifier l'étendue du cancer.
- Le cancer du sein inflammatoire, où le sein devient rouge et enflé, est habituellement traité par chimiothérapie en premier.
- Dans la maladie de Paget, le mamelon est rouge et desquamé. S'il n'y a pas d'autres signes de cancer sous-jacent, le traitement consiste à retirer le mamelon.

Soigner le cancer du sein

Comment décide-t-on d'un traitement ?

Une fois qu'une évaluation systématique a été faite en ce qui a trait au type et à l'ampleur de la maladie, il est possible de choisir le traitement le plus approprié pour chacun des patients. Le facteur le plus déterminant dans le choix du traitement étant le stade de la maladie.

Le traitement peut comprendre :

- chirurgie;
- radiothérapie;
- hormonothérapie;
- chimiothérapie;
- thérapie biologique.

Souvent, une combinaison de ces traitements est utilisée. Le traitement sera choisi en fonction de ce qui est le mieux pour le patient et en ce qui concerne le type et le stade du cancer.

Le traitement est choisi en tenant compte des souhaits des femmes atteintes.

Lorsqu'il existe plusieurs options, chacune est expliquée en détail et la patiente est invitée à participer à la prise de décision. Si vous préférez, en tant que patiente, ne pas être impliquée dans le processus décisionnel, dites-le à votre médecin et il vous conseillera le traitement qui semble le plus approprié dans votre cas.

Dans la plupart des cas, le premier traitement sera chirurgical, suivi d'une radiothérapie pour contrôler le cancer dans le sein et dans les ganglions sous le bras. Ensuite, un traitement médicamenteux visant à détruire toutes les cellules cancéreuses, qui auraient migré vers d'autres régions de l'organisme, s'impose.

Le cancer du sein est un cancer qui se soigne très bien et qui est associé à un taux élevé de guérison. Les traitements pour le cancer du sein s'améliorent ainsi que le taux de survie. Malgré le fait que plus de femmes reçoivent chaque année un diagnostic de cancer du sein, le nombre de femmes qui meurent des suites de ce cancer s'amenuise, ce qui démontre l'efficacité des traitements actuels.

Poser des questions et comprendre les réponses

Il est difficile de penser à des questions à poser à votre médecin lorsque vous venez d'apprendre que vous avez un cancer du sein. Il est souvent utile de vous faire une liste de questions à poser lorsque vous discuterez du traitement.

Pour vous aider à vous rappeler ce que le médecin vous a dit, vous pouvez soit prendre des notes, soit vous faire accompagner par un membre de votre famille ou un ami ou vous servir d'un magnétophone pour enregistrer la conversation.

La plupart des traitements du cancer du sein se font dans les départements spécialisés du sein et les décisions en termes de traitement sont habituellement prises par une équipe de spécialistes. Vous aurez probablement un médecin différent pour chacun des types de traitements.

Qui s'occupera de moi ?

L'équipe de médecins qui vous entourera comportera probablement un chirurgien spécialiste du sein et un ou plusieurs oncologues. Certains oncologues sont spécialisés en radiothérapie et d'autres, dans les traitements médicamenteux comme la chimiothérapie, l'hormonothérapie ou le trastuzumab. Et d'autres oncologues encore sont à la fois spécialistes en radiothérapie et en traitements médicamenteux. Les autres médecins impliqués dans l'adoption d'un protocole de traitement sont les radiologistes dont la spécialité est l'interprétation des rayons X et des scintillogrammes, ainsi que les pathologistes qui évaluent les biopsies par aiguille effectuées lors de votre premier rendez-vous à la clinique du sein et celles prélevées par le chirurgien. Certains départements du sein ont leurs propres chirurgiens plasticiens qui se spécialisent dans la reconstruction mammaire, entre autres. Quant aux infirmières spécialisées en soins mammaires, elles rencontrent les patientes pour discuter de l'effet psychologique du diagnostic sur ces dernières, pour les informer et jouer le rôle de trait d'union entre les patientes et les médecins.

Les infirmières généralistes ainsi que les infirmières spécialisées en recherche s'occuperont de vous pendant votre séjour à l'hôpital. Les techniciens en radiologie prennent les rayons X et certains font aussi les échographies; d'autres techniciens en radiologie s'occuperont de vous administrer la radiothérapie. Les physiothérapeutes vous donneront des conseils pour assouplir votre épaule et vous aider à reprendre votre vie quotidienne le plus rapidement possible après toute intervention.

L'équipe aura aussi besoin d'un bon soutien administratif. Une foule de gens gravitera autour de vous et vous pourriez en rencontrer plusieurs sinon tous durant votre prise en charge médicale.

Si vous vous inquiétez à savoir si vous êtes sous les soins d'une équipe multidisciplinaire, posez la question à votre médecin. Si, à un moment donné ou à un autre, vous n'êtes pas satisfaite de votre traitement, parlez-en à votre médecin et à vos infirmières.

Certaines patientes changent d'hôpital ou demandent une seconde opinion médicale. C'est votre droit le plus strict; vous devez avoir pleinement confiance en l'équipe qui vous soigne.

Le traitement commence quelques semaines après le diagnostic. Un temps que vous mettrez à profit en discutant et en vous informant auprès de vos médecins et de vos infirmières.

Tous les spécialistes reçoivent l'assistance d'infirmières qui vous rencontreront après votre rendez-vous avec le spécialiste. Plusieurs patientes ont plus de facilité à discuter avec les infirmières qu'avec les médecins. Si le protocole de traitement n'est pas clair pour vous, parlez-en à l'infirmière.

On donne souvent aux patientes un carnet de traitement qui est très utile parce que vous pouvez y inscrire les traitements que vous recevrez probablement ainsi que les dates de vos prochains rendez-vous.

Quels sont les types de traitements disponibles ?

Le traitement du cancer est constitué de :

- thérapies locales (qui traitent le sein et l'aisselle);
- thérapies systémiques (qui se concentrent sur les cellules qui ont pu se détacher de la tumeur et migrer ailleurs dans l'organisme).

Thérapies locales

La chirurgie et la radiothérapie sont des traitements locaux. Ils retirent ou détruisent les cellules cancéreuses dans le sein et dans les ganglions.

Thérapies systémiques

L'hormonothérapie, la chimiothérapie et la thérapie biologique sont des thérapies systémiques. Elles pénètrent dans le flot sanguin et détruisent ou contrôlent le cancer à travers l'organisme.

Certaines femmes atteintes du cancer du sein auront comme premier traitement une thérapie systémique en vue de réduire la taille de la tumeur avant la chirurgie ou la radiothérapie, afin de permettre une chirurgie qui, sans cette thérapie, ne serait pas envisageable ou pour en réduire l'ampleur.

La plupart des femmes qui ont eu une chirurgie et de la radiothérapie recevront un traitement systémique après leur traitement local. Celles dont le cancer s'est propagé pourraient ne recevoir que des traitements systémiques pour détruire et contrôler les cellules cancéreuses dans ces sites.

Comment puis-je en apprendre davantage sur ces traitements ?

La plupart des femmes veulent savoir comment les traitements vont changer leur vie et quelle sera leur apparence physique pendant et après les traitements. Les médecins et les infirmières sont les gens les mieux placés pour vous décrire chacun des traitements, leurs effets indésirables et l'issue probable de tels traitements.

Les infirmières peuvent vous montrer des photos de patientes qui ont subi diverses interventions chirurgicales. Elles peuvent aussi s'arranger pour que vous rencontriez des femmes qui ont subi les traitements en question.

En plus de l'information fournie par vos médecins et infirmières, vous pouvez vous joindre à des groupes de soutien. Ces groupes fournissent une assistance téléphonique, ce qui vous permet de parler à quelqu'un ou de demander à recevoir des feuillets explicatifs par la poste. Vous pouvez aussi glaner beaucoup d'informations en visitant leur site Web.

Votre rôle au cours du traitement

Lorsqu'un choix entre divers traitements se présente, on s'empressera de vous les expliquer. Si vous avez des inquiétudes ou des préférences à propos d'un traitement, assurez-vous de le mentionner à vos médecins ou à vos infirmières. Le traitement implique votre participation, ainsi que celle de vos médecins, infirmières et autres membres de l'équipe médicale.

Médecines douces et complémentaires

La plupart des médecins craignent qu'à l'un ou l'autre des stades du cancer du sein, les femmes qui en sont atteintes optent exclusivement pour les médecines douces et complémentaires alors que leur cancer peut être traité de façon efficace par la médecine conventionnelle. Toutefois, plusieurs personnes trouvent un immense réconfort à pouvoir exercer un certain contrôle sur leur état en consultant des herboristes ou autres praticiens de médecine soi-disant naturelle.

Le bon sens impose d'en discuter ouvertement et honnêtement avec votre médecin. Il est peu probable qu'il soit en désaccord si vous ne remplacez pas la médecine conventionnelle par la médecine douce.

POINTS CLÉS

- Le choix d'un traitement approprié se fait suite à une évaluation systématique.
- Le facteur le plus déterminant concernant le choix du traitement est le stade de la maladie.
- Le traitement est déterminé seulement après avoir pris en compte les souhaits de la patiente.
- Le cancer du sein est un cancer éminemment guérissable et associé à un taux élevé de guérison.
- Faites-vous une liste de questions à poser avant de discuter de votre traitement.
- Pensez à demander à un ami de vous accompagner lors de cette discussion à propos de votre traitement.

La chirurgie pour le cancer du sein

La chirurgie est le traitement le plus courant utilisé pour les femmes atteintes du cancer du sein. Il y a plusieurs types de chirurgies.

Lorsque le cancer est relativement petit, moins de trois centimètres, il est habituellement possible pour le chirurgien d'enlever la masse avec un peu de tissu mammaire normal qui entoure la tumeur; c'est ce que l'on appelle la chirurgie de conservation. Cette chirurgie va habituellement de pair avec l'ablation de certains ou de tous les nœuds lymphoïdes sous le bras. Si le cancer est d'une taille plus importante, qu'il affecte plus d'un endroit dans le sein, ou si la femme le souhaite, le sein au complet est retiré; cette intervention est connue sous le nom de mastectomie.

Pour les cancers plus étendus, d'autres options sont envisageables, comme l'usage de médicaments pour réduire la taille de la tumeur ou d'autres chirurgies plus complexes, impliquant la présence d'un chirurgien plasticien ou oncoplastique pour retirer la tumeur tout en laissant la forme du sein intacte.

Chirurgie mammaire conservatrice

Connue aussi sous le nom de tumorectomie, son but est de retirer la tumeur avec un pourtour bien défini de tissu mammaire normal. Si l'on ne retire pas toutes les cellules cancéreuses, il y a de fortes chances que le cancer revienne. Pour cette raison, la chirurgie mammaire conservatrice est presque toujours suivie d'une radiothérapie.

Marges

Les marges, connues aussi sous le nom de « marges de résection », font référence à la distance entre une tumeur et le pourtour extérieur des tissus environnants qui ont été enlevés en même temps.

Lorsqu'on retire une tumeur, un peu des tissus sains environnants sont enlevés par la même occasion. La tumeur et ses tissus environnants sont trempés dans une encre spéciale pour que les bords extérieurs, les marges, soient clairement visibles au microscope. Un pathologiste examinera le tout pour voir si ces marges sont exemptes de cellules cancéreuses.

Selon ce que le pathologiste aura décelé, les marges d'une tumeur sont décrites comme suit.

- Marges positives : Les cellules cancéreuses s'étendent jusqu'au rebord ou elles sont très près du bord des tissus retirés par le chirurgien.
- Marges négatives : Aucune cellule cancéreuse n'a été détectée dans la marge marquée à l'encre et il y a un cercle étroit de tissu normal, indiquant que le cancer a été complètement retiré.

Connaître la distance qui sépare les cellules cancéreuses du rebord des tissus normaux retirés aide à prendre les bonnes décisions en ce qui concerne le traitement. C'est particulièrement important pour savoir s'il faut refaire une chirurgie.

Chirurgie conservatrice du sein

La chirurgie conservatrice du sein inclut la tumorectomie ou excision locale étendue (au cours de laquelle la tumeur ainsi qu'une bande de tissus mammaires sains appelés «marges» sont retirés), ainsi que la quadrantectomie, chirurgie où l'on retire environ le quart du sein.

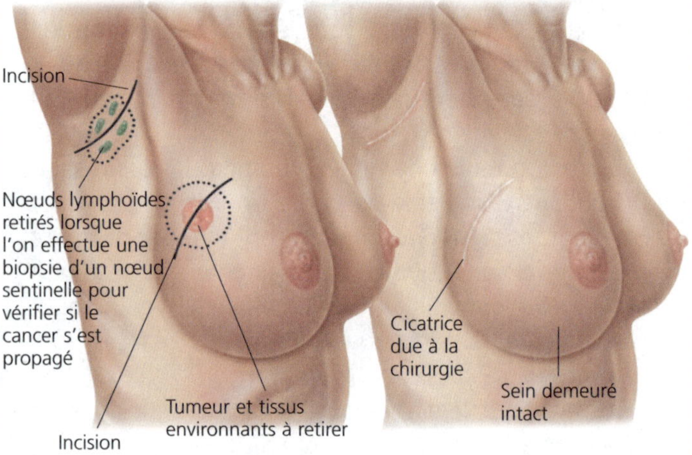

Avant la chirurgie **Après la chirurgie**

Les patientes aptes à recevoir une chirurgie mammaire conservatrice sont des patientes qui ont :

- un seul cancer dans le sein qui mesure trois centimètres ou moins;
- aucun signe de propagation au-delà des ganglions sous le bras;
- un sein suffisamment volumineux pour donner de bons résultats cosmétiques après l'ablation du cancer.

Les patientes qui ne sont pas susceptibles d'avoir une chirurgie mammaire conservatrice sont :

- celles dont le cancer est avancé localement ou dont les nœuds lymphoïdes sont collés ensemble;
- celles dont le cancer s'est propagé au-delà du sein et des ganglions;
- les femmes qui préfèrent une mastectomie;
- celles qui risquent une distorsion postopératoire du sein.

Il existe d'autres raisons pour lesquelles une chirurgie conservatrice du sein n'est pas indiquée.

- Quand la tumeur occupe la partie centrale du sein. Bien qu'il soit possible de retirer le mamelon et d'arriver à des résultats relativement probants, ce type de chirurgie ne donne pas toujours des résultats satisfaisants; on suggère donc parfois la mastectomie.
- La radiothérapie, qui suit habituellement la chirurgie conservatrice du sein, n'est pas indiquée dans le cas des patientes qui souffrent d'affections comme certaines maladies du collagène vasculaire, incluant le lupus érythémateux disséminé et la périarthrite noueuse. On suggère donc la mastectomie à ces patientes.
- Lorsqu'il y a plus d'une tumeur dans le sein. Jusqu'à tout récemment, la mastectomie était réservée à la plupart des femmes qui avaient plus d'une tumeur au sein, mais il appert que si les cancers peuvent être retirés avec des marges saines, la chirurgie mammaire conservatrice est possible.

- Les femmes qui ont de lourds antécédents familiaux de cancers du sein ou les femmes porteuses d'une mutation des gènes BRCA1 ou BRCA2 doivent avoir une discussion approfondie sur les avantages et les inconvénients de la tumorectomie, car elles ont un risque plus élevé de récidive du cancer que celles qui ne sont pas porteuses d'un gène anormal.

L'équilibre entre la taille de la tumeur (évaluée par échographie) et le volume du sein est le facteur principal qui détermine si une patiente est candidate pour la tumorectomie. Si la patiente a un sein volumineux, il est envisageable de lui retirer un cancer de plus de trois centimètres par chirurgie mammaire conservatrice. Par contre, retirer un cancer de deux centimètres à une patiente qui a de petits seins pourrait donner une forme au sein qui laisse à désirer. La taille de la tumeur n'a pas d'incidence sur les risques de récidive du cancer dans le sein.

Bien que la plupart des chirurgiens font des tumorectomies ou excisions larges, certains chirurgiens pratiquent la quadrantectomie, soit le retrait d'une plus grande partie de tissus mammaires.

Il est possible d'enlever environ 10 % du sein sans le déformer. Si vous devez subir une chirurgie mammaire conservatrice, demandez à votre médecin quelle intervention il compte pratiquer et quel sera l'aspect de votre sein après la chirurgie.

Une excision locale étendue implique une incision dans la peau qui recouvre la tumeur et le retrait de la tumeur avec une marge de tissus sains. Après avoir retiré le cancer, les saignements sont arrêtés et la peau recousue avec des points invisibles qui n'ont pas besoin d'être retirés.

Si le chirurgien n'arrive pas à palper le cancer, un radiologiste ou un technicien en radiologie marquera l'endroit qui servira de guide au chirurgien.

Les méthodes de marquage ont été décrites dans la section des biopsies par aiguille (voir à la page 56).

Tandis que vous êtes toujours sous anesthésie, le chirurgien prendra une radiographie de la zone qui a été retirée afin de s'assurer que toutes les anomalies décelées sur la mammographie originale ont bien été enlevées. Si la radiographie montre que la zone anormale est près de l'un des bords, le chirurgien retirera plus de tissus à cet endroit avant de suturer la plaie.

Les complications possibles après une excision locale étendue

Les complications les plus courantes immédiatement après l'intervention sont les saignements et le fait d'éprouver un certain malaise après une anesthésie générale (voir plus bas).

Comme la tumeur et des tissus environnants ont été retirés du sein, celui-ci sera plus petit que l'autre après la chirurgie. Selon l'endroit où était située la tumeur, le sein traité peut avoir une forme différente.

Environ 10 % des femmes obtiennent des résultats cosmétiques insatisfaisants suite à la chirurgie conservatrice et à la radiothérapie. Il est possible par contre de redonner au sein une forme plus acceptable plus tard.

La chirurgie mammaire conservatrice réussit à éradiquer le cancer chez environ 80 à 85 femmes sur 100. Quant aux 15 à 20 femmes restantes, lorsque le pathologiste observe les tissus cancéreux sous le microscope, il détecte soit un cancer invasif, soit, le plus souvent, un carcinome canalaire *in situ* (CCIS) près du bord du tissu mammaire enlevé, c'est-à-dire dans la marge.

Le problème tient au fait que le chirurgien ne peut pas palper le CCIS pendant qu'il opère.

Ce qui ne signifie pas que le chirurgien qui a retiré tous les tissus cancéreux est un mauvais chirurgien.

Si vous faites partie de ces 15 à 20 femmes dont le cancer n'a pas été retiré entièrement lors d'une intervention chirurgicale, vous aurez besoin d'une seconde opération pour retirer tout ce qui reste de cancer, invasif ou CCIS, dans votre sein. Vous aurez donc besoin d'une réexcision; mais parfois, parce que le cancer s'est étendu aux marges, la mastectomie s'impose.

Même si le pathologiste rapporte que toutes les cellules cancéreuses ont été retirées, la chirurgie conservatrice du sein est presque toujours suivie d'une radiothérapie. Cette dernière traite les tissus mammaires restants et s'assure que toutes les cellules anormales ont été détruites.

Les chances de survie sont exactement les mêmes pour une femme qui a subi une chirurgie mammaire conservatrice (tumorectomie) et une radiothérapie que pour celles qui ont eu une mastectomie. Plusieurs femmes pensent que la mastectomie est plus fiable, mais ce n'est pas forcément vrai.

L'un des avantages de la tumorectomie est que vous avez conservé votre sein, ce qui vous simplifie la vie lorsque vous portez des vêtements en plus de vous donner plus d'assurance. Les femmes qui ont eu cette chirurgie ont moins de problèmes sexuels que les femmes qui ont subi une mastectomie.

Plusieurs femmes se verront proposer par leur chirurgien le choix entre une chirurgie mammaire conservatrice combinée à une radiothérapie ou une mastectomie. Il est important que vous en discutiez avec votre partenaire, votre chirurgien et votre infirmière et, si vous en sentez le besoin, votre médecin de famille.

Si votre chirurgien vous donne ce choix, il est évident qu'il pense que la chirurgie mammaire conservatrice sera efficace dans votre cas. Dans cette situation, il serait judicieux de discuter avec une personne qui a subi les diverses opérations. Prenez votre temps pour vous décider et, si vous n'y arrivez pas, parlez-en à votre médecin.

Mastectomie

Une femme sur trois ou sur quatre qui doit avoir une chirurgie pour le cancer du sein ne peut pas avoir de chirurgie conservatrice. Certaines femmes préfèrent avoir une mastectomie soit parce qu'elles veulent éviter la radiothérapie qui s'ensuit, soit parce qu'elles se sentent plus rassurées à l'idée d'avoir une mastectomie plutôt qu'une chirurgie conservatrice.

Il n'y a pas d'avantage à avoir une ablation complète du sein si celui-ci n'a pas besoin d'être enlevé. Si vous avez tendance à vouloir une mastectomie, pensez-y bien. Lorsque certaines femmes se rendent compte que la mastectomie n'améliorera aucunement leurs chances de survie, celles qui auraient choisi la mastectomie changent d'avis et optent pour la chirurgie conservatrice.

Il existe des situations où une femme qui a une bosse d'une grosseur inférieure à trois centimètres peut se voir conseiller la mastectomie. Voici les principales.

- S'il y a plus d'une bosse dans le sein. Des recherches datant de quelques années montrent que si chacune des bosses est enlevée, le risque que des bosses cancéreuses se développent ailleurs dans le même sein est légèrement plus élevé. Des recherches récentes montrent qu'il est possible de faire deux tumorectomies dans le même sein si les marges sont exemptes de cellules cancéreuses. Tout dépend de la localisation des bosses dans le sein; si les deux cancers sont côte à côte, il est plus facile de les retirer, de donner une radiothérapie et de conserver le sein. Si les deux bosses sont éloignées l'une de l'autre, cela dépend de la possibilité de retirer les bosses tout en laissant suffisamment de tissus mammaires pour conserver au sein une forme intacte.

- Le cancer est directement sous le mamelon; ce dernier doit donc être retiré en même temps. Plutôt que de laisser le sein sans mamelon, il est préférable parfois, mais pas toujours, de retirer le sein au complet et d'envisager une reconstruction mammaire (voir à la page 187).

- Quelquefois, l'intervention chirurgicale pour retirer une bosse échoue parce que le cancer ou le CCIS est plus étendu en comparaison avec ce qu'on pouvait voir sur les radiographies. Une seconde chirurgie pour retirer plus de tissus mammaires peut régler le problème, mais si le cancer s'est étendu, on choisira probablement d'enlever complètement le sein pour s'assurer qu'aucune cellule cancéreuse n'est laissée derrière.

- Les tissus mammaires qui entourent un cancer invasif sont largement affectés par un CCIS (ce qui est visible sur la mammographie). Si les cellules anormales ne peuvent pas être toutes retirées, une mastectomie s'avérera probablement le choix le plus sûr.

- Quand l'ablation de la bosse aurait pour résultat un sein grossièrement déformé, par exemple chez une femme avec une bosse qui fait entre deux et trois centimètres et qui a de petits seins.

La mastectomie est une intervention chirurgicale où les tissus mammaires sont retirés. Il y a divers types de mastectomies.

Les femmes qui ont subi une mastectomie peuvent choisir d'avoir une reconstruction mammaire ou non. Ce sujet est traité à la page 187.

Divers types de mastectomies

Mastectomie simple

Une mastectomie simple retire les tissus mammaires en laissant intacts tous les ganglions et les muscles de la paroi thoracique. Si vous avez des seins plus volumineux, il vaut peut-être mieux retirer le sein en faisant le type d'incision utilisé pour faire une réduction mammaire et qui donne une cicatrice en forme de «T» inversé.

La mastectomie consiste à pratiquer une incision au-dessus et en dessous du mamelon et à retirer tous les tissus mammaires jusqu'à la paroi thoracique. Suffisamment de peau est retirée pour qu'à la fin de l'intervention il n'y ait pas de surplus de peau, et une cicatrice droite est laissée sur la paroi thoracique. La direction exacte de la plaie dépend de l'endroit où était située la tumeur, mais la plupart des cicatrices de mastectomie sont horizontales ou diagonales.

Mastectomie radicale modifiée

Cette mastectomie se pratique à travers les mêmes incisions que dans la mastectomie simple. Dans la mastectomie radicale modifiée, on retire tous les tissus mammaires ainsi que tous les nœuds lymphoïdes axillaires qui drainent le sein. Il est possible de pratiquer cette mastectomie sans toucher aux muscles de la paroi thoracique.

Mastectomie simple

Une mastectomie simple est l'ablation chirurgicale d'un ou des deux seins et elle est souvent combinée avec l'ablation de quelques nœuds lymphoïdes situés sous le bras. Les techniques de conservation du sein peuvent être utilisées pour préserver la peau du sein et son mamelon qui seront utiles lors de la reconstruction esthétique du sein.

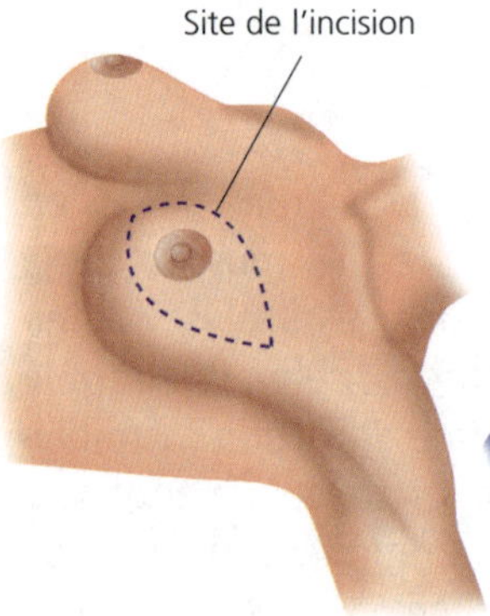

1. Le site de l'incision est dessiné sur la surface de la peau.

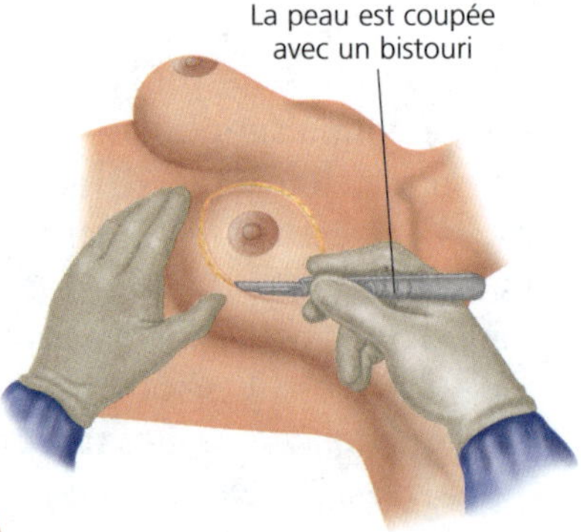

2. La peau est incisée tout au long de la région à retirer.

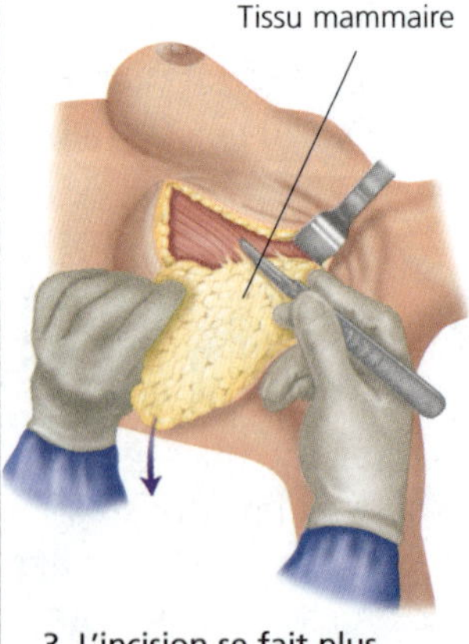

3. L'incision se fait plus profonde et tous les tissus mammaires sont retirés.

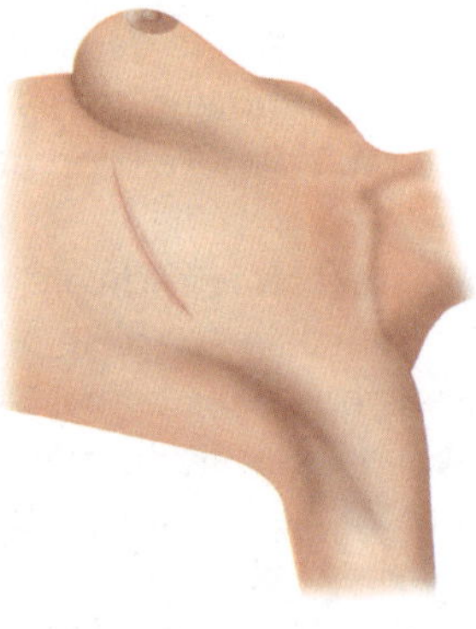

4. Après avoir nettoyé la plaie par irrigation, on la referme.

Mastectomie radicale

Cette opération n'est quasiment plus pratiquée de nos jours et impliquait le retrait de tous les tissus mammaires, des ganglions axillaires ainsi que des muscles sous-jacents de la paroi thoracique.

Mastectomie sous-cutanée

C'est une intervention chirurgicale qui s'adresse aux femmes qui ont de plus petits cancers ou CCIS ou qui ont un risque élevé d'avoir un cancer du sein.

Cette intervention consiste à retirer tous les tissus mammaires, tout en gardant le plus de peau possible pour que le sein, une fois reconstruit, ait une apparence similaire au sein original avec très peu de cicatrices visibles. Cette intervention se pratique à travers une incision soit sous le mamelon, soit sur le côté du sein. Le mamelon et l'aréole sont intacts et la peau, relativement intouchée.

Mastectomie avec conservation de l'étui cutané

Il est possible aussi de retirer les tissus mammaires à travers une petite incision autour du cancer ou autour de la région du mamelon. L'avantage d'une mastectomie avec conservation de l'étui cutané est que les cicatrices sont réduites au minimum tandis que les tissus mammaires et la peau recouvrant la tumeur ou le mamelon sont retirés.

Ablation des ganglions durant la mastectomie

Si tous les ganglions axillaires ou certains d'entre eux (biopsie du ganglion sentinelle) sont retirés au cours de la mastectomie, ils seront retirés par la même incision que celle pratiquée pour retirer les tissus mammaires.

À quoi devez-vous vous attendre suite à l'intervention chirurgicale ?

À la fin de l'intervention, un ou deux drains seront installés en dessous de la plaie. Les drains sont des tubes en plastique qui drainent le liquide que l'organisme produit dans l'espace sous la peau. Ces drains seront en place pendant trois à cinq jours. On les retirera lorsque le volume de liquide drainé aura diminué.

Après la mastectomie, vous demeurerez hospitalisée entre un et sept jours, selon l'ampleur de la chirurgie, si vous avez eu une reconstruction mammaire en même temps et selon la politique de l'hôpital où vous serez traitée.

Problèmes qui peuvent survenir après une mastectomie

Les complications les plus courantes immédiatement après une opération sont les saignements et le fait de se sentir mal après une anesthésie générale.

Les lèvres de la plaie de la mastectomie ne guérissent pas à cause de problèmes liés à la circulation sanguine. Si cela se produit, les bords de la plaie peuvent s'enflammer et produire une croûte. Ce problème se résout habituellement sans traitement spécifique. Il est plus courant dans les cas de mastectomies sous-cutanées et chez les femmes qui souffrent du diabète ou qui fument.

Il peut y avoir un surplus de peau ou une bosse sur le bord extérieur de la cicatrice sous le bras. Cette bosse ainsi que de l'enflure peuvent apparaître quelque temps après l'opération. Il est parfois nécessaire de tailler ce surplus de peau un peu plus tard.

Du liquide peut s'accumuler après le retrait des drains, ce qui provoque une enflure de la plaie qu'on appelle sérum. Si cet état vous incommode, il est possible de retirer ce liquide à l'aide d'une aiguille.

Se regarder dans un miroir après la chirurgie peut être difficile et traumatisant sur le plan psychologique. Certaines femmes sont surprises par la netteté de la cicatrice mais la plupart se sentent perturbées lorsqu'elles se voient la première fois. Il n'y a pas de moment meilleur qu'un autre pour se regarder. Certaines veulent se voir immédiatement, d'autres préfèrent attendre. Vous voudrez peut-être le faire en compagnie d'une infirmière par exemple.

Options pour les femmes qui ont des tumeurs de taille importante

Si le chirurgien vous dit que vous n'êtes pas candidate à la chirurgie mammaire conservatrice à cause de la taille de votre tumeur, il existe d'autres options pour vous, comme ceux qui suivent.

Traitement néoadjuvant

Ce traitement implique qu'un premier traitement médicamenteux soit administré afin de réduire la taille de la tumeur pour qu'il soit par la suite possible de la retirer par tumorectomie.

Très large excision avec reconstruction mammaire

Le retrait d'une grande partie du sein et le remplacement par du tissu prélevé ailleurs sur le corps (habituellement dans le dos) est une option pour certaines femmes. C'est ce qu'on appelle la reconstruction partielle du sein (voir à la page 189).

Mammoplastie

Si le retrait de la tumeur cancéreuse diminue la taille du sein, il est possible de remodeler l'autre sein pour qu'il soit de la même taille. Ce type de chirurgie est connu sous le nom de réduction mammaire. Il est pratiqué dans quelques hôpitaux seulement et convient aux femmes qui ont de grosses tumeurs dans des seins de volume raisonnable. Si vous avez toujours eu des seins que vous trouviez trop volumineux, cette solution pourrait vous convenir.

Traitement chirurgical axillaire pour le cancer du sein

Un des premiers endroits où le cancer du sein se propage, c'est dans le creux de l'aisselle où sont situés les ganglions. Il se pratique plusieurs chirurgies des ganglions axillaires et le choix de la chirurgie dépend de la probabilité que les ganglions soient atteints ou non.

Il est parfois possible de voir des nœuds lymphoïdes anormaux avant l'intervention chirurgicale en se servant des ultrasons ou en y effectuant des biopsies. Dans la plupart des cas, toutefois, le chirurgien devra retirer certains ou tous les ganglions pour les faire examiner.

Lorsque vous avez une chirurgie mammaire conservatrice ou une mastectomie, le chirurgien vérifie habituellement si vos ganglions sont atteints en retirant un échantillon ou, si ceux-ci ont déjà été examinés et déclarés atteints, tous les ganglions situés dans le creux axillaire.

Il y a environ 20 nœuds lymphoïdes dans le creux de l'aisselle et c'est l'endroit le plus courant où le cancer du sein risque de se propager. Savoir si tel est le cas et combien de ganglions sont affectés est très important tant pour évaluer le stade du cancer que pour décider du meilleur traitement.

Biopsie d'un nœud lymphoïde

Une biopsie d'un nœud lymphoïde consiste à prélever, à l'aide d'une aiguille, un peu de tissu lymphoïde aux fins d'analyse sous microscope à la recherche de signes d'infection ou de maladie comme le cancer. L'aiguille peut être fine ou creuse (voir à la page 56).

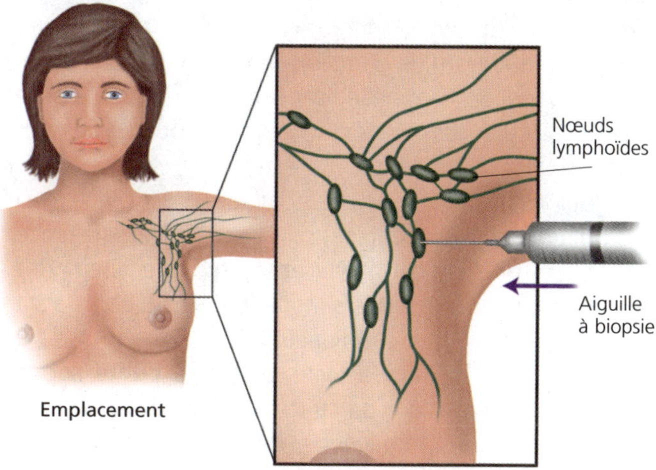

Si le chirurgien ne veut qu'examiner les ganglions, le retrait de quelques ganglions est suffisant. Si les ganglions sont atteints, leur ablation complète s'avère le traitement le plus efficace. Les nœuds lymphoïdes axillaires ne sont pas essentiels et votre organisme peut tout à fait fonctionner sans ces ganglions. Toutefois, l'ablation de tous les ganglions augmente le risque de complications postopératoires et le risque à long terme de développer un lymphœdème, soit un gonflement de votre bras (voir à la page 125).

Échantillonnage des ganglions pour analyse

Il existe aujourd'hui une vaste variété de méthodes à notre disposition pour vérifier si le cancer du sein s'est propagé aux ganglions.

Biopsie du ganglion sentinelle

Le premier nœud lymphoïde drainant un cancer est connu sous le nom de ganglion sentinelle. Dans la biopsie du ganglion sentinelle, un chirurgien spécialement entraîné retire ces nœuds sentinelles pour savoir s'ils sont atteints par le cancer.

Pour les distinguer, on injecte une teinture bleue ainsi qu'un traceur radioactif dans le sein. Cette substance atteint ensuite les ganglions et le chirurgien peut dès lors identifier ces nœuds sentinelles, parce qu'ils sont soit teints en bleu, soit radioactifs.

On détecte la radioactivité avec une petite sonde manuelle qui émet un son strident lorsqu'elle détecte la présence de la radioactivité dans un ganglion. En moyenne, le chirurgien trouvera trois ganglions sentinelles chez une patiente.

En général, l'injection radioactive est administrée deux à trois heures avant la chirurgie. La teinture bleue est injectée au moment de l'intervention chirurgicale après l'anesthésie générale. Des études récentes montrent que le fait d'injecter le traceur radioactif et la teinture bleue en même temps, juste avant la chirurgie, pendant que la patiente est sous anesthésie, donne d'excellents résultats et évite à cette dernière de subir une injection pendant qu'elle est consciente.

L'endroit le plus courant où l'on injecte la teinture et le traceur est autour du cancer, dans la peau qui le recouvre et sous le mamelon. Quel que soit l'endroit où l'injection a lieu dans le sein, ce seront les quelques mêmes ganglions situés au creux de l'aisselle qui en assureront le drainage.

La biopsie du ganglion sentinelle réussit à trouver les nœuds lymphoïdes chez 98 % des femmes. Si le chirurgien planifie une biopsie du ganglion sentinelle, mais qu'aucun ganglion sentinelle n'est détecté, il effectuera un échantillonnage axillaire ou retirera suffisamment de nœuds pour vérifier si le cancer s'est propagé jusqu'à eux.

Si une biopsie du ganglion sentinelle montre que vos ganglions sont atteints par le cancer, votre médecin pourrait vous conseiller d'avoir une seconde chirurgie pour retirer le reste des ganglions ou une radiothérapie.

Échantillonnage du nœud axillaire

L'échantillonnage du nœud lymphoïde vise à retirer quatre ganglions pour vérifier si ces ganglions sont affectés par le cancer. Tout cancer qui se propage aux ganglions affecte d'abord les ganglions situés le plus bas, c'est la raison pour laquelle l'échantillonnage de ces quatre ganglions donne une évaluation très juste de la présence du cancer.

L'échantillonnage est habituellement jumelé avec l'injection de teinture bleue sous le mamelon en vue de s'assurer que les ganglions retirés sont les ganglions sentinelles qui drainent le cancer.

Tant la biopsie des ganglions sentinelles que l'échantillonnage du nœud axillaire s'effectuent à travers une petite incision dans l'aisselle, juste en dessous des poils. À la fin de l'intervention chirurgicale, la plaie est refermée avec des points de suture fondants.

Si une biopsie du ganglion sentinelle montre que les ganglions sont atteints par le cancer, vous devrez avoir une seconde chirurgie pour retirer le reste des ganglions ou une radiothérapie.

Biopsie du ganglion sentinelle

La biopsie du ganglion sentinelle est une procédure peu invasive dans laquelle les nœuds lymphoïdes qui drainent le site d'une tumeur cancéreuse sont d'abord identifiés, puis retirés pour analyse microscopique. Les nœuds lymphoïdes les plus près de la tumeur servent à filtrer et à emprisonner les cellules cancéreuses. Ces nœuds portent le nom de ganglions sentinelles parce qu'ils se comportent comme des gardiens et alertent les médecins que le cancer de la patiente s'est propagé.

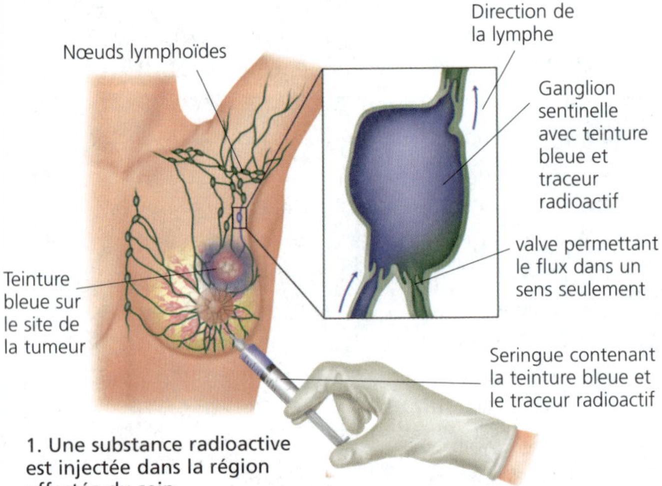

1. Une substance radioactive est injectée dans la région affectée du sein.

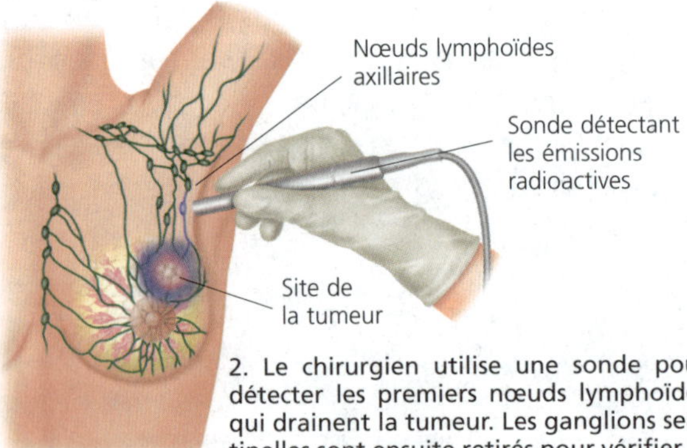

2. Le chirurgien utilise une sonde pour détecter les premiers nœuds lymphoïdes qui drainent la tumeur. Les ganglions sen - tinelles sont ensuite retirés pour vérifier la présence de cellules cancéreuses.

Éventail des divers traitements axillaires

La biopsie du ganglion sentinelle est un bon choix lorsqu'il n'y a pas de bosses palpables et de ganglions anormaux visibles à l'échographie. On peut y recourir avant ou après une chimiothérapie.

La plupart des hôpitaux ont une politique en ce qui concerne les personnes aptes à subir une biopsie du ganglion sentinelle. Il est important de comprendre exactement l'intervention que vous devez subir et pourquoi le chirurgien vous recommande cette procédure en particulier. Ce ne sont pas tous les hôpitaux qui pratiquent la biopsie du ganglion sentinelle. Informez-vous auprès de votre médecin qui pourra vous référer à un autre hôpital si c'est le meilleur choix pour vous.

Curage ganglionnaire

Le curage ganglionnaire vise à retirer tous les ganglions et à dénombrer tous ceux qui sont atteints.

Au moyen de cette procédure, on retire tous les nœuds lymphoïdes de façon qu'il ne reste plus aucun ganglion affecté en place. Le curage ganglionnaire est pratiqué chez les patientes dont les scintillogrammes et les biopsies par aiguille, ou suite à une chirurgie pour retirer les ganglions sentinelles, montrent que les ganglions sont atteints par le cancer.

L'opération est effectuée dans le creux axillaire à travers une incision légèrement plus grande que celle que l'on pratique pour faire une biopsie du ganglion sentinelle. L'intervention terminée, la plaie est refermée au moyen de points fondants.

Habituellement, un drain est installé après le curage axillaire pour extraire le liquide produit par l'organisme dans les jours qui suivent l'intervention. Il demeure en place entre trois et cinq jours; vous pouvez même rentrer chez vous avec le drain en place. Parlez-en à votre chirurgien si vous avez des questions à ce propos.

Problèmes possibles consécutifs à une chirurgie des ganglions axillaires

Le problème le plus courant est celui de la douleur et de l'enflure dans la région axillaire pendant quelques semaines. N'hésitez pas à prendre des analgésiques. Assurez-vous que votre bras garde toute sa mobilité en pratiquant des exercices qu'on vous a appris pendant votre hospitalisation.

Les complications les plus courantes immédiatement après une opération sont les saignements et le fait d'éprouver un certain malaise après une anesthésie générale.

Engourdissement

Il y a plusieurs nerfs qui passent à travers l'aisselle pour rejoindre le bras. Les nerfs qui donnent la sensibilité à la partie intérieure supérieure du bras subissent parfois des lésions pendant l'ablation des ganglions.

Votre chirurgien fera tout ce qui est possible pour éviter de toucher à ces nerfs. Ceux-ci sont beaucoup moins souvent endommagés au cours de la biopsie du ganglion sentinelle.

Même si les nerfs n'ont pas été sectionnés, ils seront étirés et cette région risque de devenir insensible pendant quelques temps après l'opération. Attendez-vous à perdre un peu de sensibilité dans la partie intérieure du bras du côté de l'intervention chirurgicale. Environ la moitié des patientes retrouvent leur sensibilité dans les mois qui suivent l'intervention.

Raideur de l'épaule

Lors de votre hospitalisation, le physiothérapeute devrait vous enseigner quelques exercices à faire après la chirurgie. Il est important de les faire. Les raideurs dans l'épaule et une perte de mobilité sont monnaie courante chez les patientes qui ne pratiquent pas leurs exercices pour l'épaule.

Vous éprouverez peut-être quelques douleurs et certains malaises à pratiquer vos exercices. N'hésitez pas à prendre des analgésiques après la chirurgie pour soulager votre douleur et l'inconfort que vous éprouvez peut-être en faisant vos exercices.

Durant votre convalescence, vous éprouverez peut-être des douleurs dans la partie interne de votre bras; cet inconfort disparaît habituellement au bout de quelques semaines.

Lymphœdème

Un lymphœdème est un gonflement du bras (provoqué par l'accumulation de liquide dans les tissus) qui peut résulter de l'ablation de tous les ganglions (curage axillaire) ou d'une biopsie du ganglion sentinelle ou de l'échantillonnage du nœud axillaire, si une radiothérapie est effectuée dans la région axillaire.

Environ 6 femmes sur 100 développent un gonflement marqué du bras après un curage ganglionnaire. La gravité de l'enflure et les risques de développer un œdème sont moindres après une biopsie du ganglion sentinelle et une radiothérapie.

L'enflure du bras ou lymphœdème peut se produire plusieurs années après une chirurgie. L'évaluation d'un spécialiste et son traitement sont requis; on pourrait vous référer à un physiothérapeute.

Le traitement consiste en des soins de la peau, des massages réguliers, de l'exercice et le port d'un quelconque vêtement de contention.

Traitement du lymphœdème

Le lymphœdème est un gonflement chronique qui est incurable. Les symptômes physiques peuvent être contrôlés grâce aux traitements suivants :

1. **Des soins de la peau** pour maintenir la peau en bon état et réduire les risques d'infection.
2. **De l'exercice** pour favoriser le flux lymphatique et maintenir une bonne mobilité du membre.
3. **Des drainages lymphatiques** – un massage très doux de la peau, donné par un massothérapeute, favorise le flux lymphatique.
4. **Soutien/compression** – on bande le bras avec des gaines élastiques pour réduire l'enflure et favoriser la circulation lymphatique.

Complications générales après une chirurgie du cancer du sein

Saignements

Même si tout saignement visible est stoppé pendant l'intervention chirurgicale, il arrive que les saignements en provenance des bords incisés du sein reprennent après l'opération et s'accumulent dans la plaie. C'est peu courant et survient chez 1 ou 2 patientes sur 100. C'est une situation plus courante après une mastectomie qu'après une tumorectomie.

Ce phénomène se produit dans les heures qui suivent l'intervention. C'est la raison pour laquelle il faut vérifier la plaie après la chirurgie. Si une grande quantité de sang s'accumule (hématome), il faudra drainer la plaie, généralement en opérant de nouveau.

Sérum

L'organisme produit un liquide séreux et certaines personnes en produisent plus que d'autres, ce qui provoque un gonflement à l'endroit où la bosse ou le ganglion a été retiré. Ce phénomène est connu sous le nom de sérum.

Le liquide pourra être drainé avec une aiguille et une seringue lorsque vous retournerez à la clinique. Comme la zone est habituellement insensible après la chirurgie, l'opération sera indolore.

Infection

Toute plaie chirurgicale peut s'infecter. C'est une situation peu courante, mais possible; une femme sur dix souffrira d'une infection après une chirurgie pour le cancer du sein. Si une infection doit se développer, elle apparaîtra environ une semaine après la chirurgie.

Le signe d'une infection est une plaie rouge, enflée et très sensible; un écoulement peut aussi se manifester. Les antibiotiques viennent à bout de la plupart des infections.

Thrombophlébite

Une thrombophlébite survient lorsque des caillots se forment dans les veines des jambes. Ces caillots peuvent migrer des jambes jusqu'aux poumons (ce qu'on appelle une embolie pulmonaire). C'est peu courant car, lors de votre hospitalisation, les médecins et les infirmières prennent grand soin d'éviter que cela se produise.

Les précautions pour prévenir la thrombophlébite comprennent le port de bas de soutien, l'injection régulière dans votre estomac d'un médicament qui éclaircit le sang et empêche la formation de caillots ainsi que le port de bottines spéciales pendant l'intervention chirurgicale qui favorisent la circulation sanguine.

Douleur après la chirurgie

Bien que la douleur aiguë ressentie dans les semaines qui suivent une chirurgie s'atténue, la zone où vous avez été opérée restera néanmoins très sensible pendant des mois, voire des années.

Après une chirurgie du sein, certaines femmes développent une douleur chronique. La situation se détériore si vous augmentez soudainement le rythme de vos activités physiques, comme aller au gym ou faire du jardinage. Cette douleur signifie rarement que le cancer est revenu; la prise de médicaments et un programme d'exercices physiques modérés en viennent habituellement à bout.

Épaule gelée

Cela arrive assez couramment après une chirurgie des ganglions axillaires. Il est plus facile de prévenir cette situation que de la guérir. Faire les exercices qu'on vous a suggérés est la meilleure façon de prévenir cette complication. Si vous constatez une raideur à l'épaule et une mobilité réduite, parlez-en à votre médecin.

Nécrose des tissus adipeux

Toute chirurgie abîme les tissus avoisinants. Et c'est parfois un problème pour assurer l'alimentation en sang du gras logé dans le sein (ou des tissus rapportés dans le sein pour sa reconstruction).

C'est ce qui cause la mort (nécrose) de zones de tissus adipeux qui peuvent former une bosse inquiétante. De simples tests prouveront que ces bosses sont tout à fait anodines.

Myosite

Après la chirurgie mammaire ou axillaire, les vaisseaux sanguins et lymphatiques de la zone en question, incluant le haut du bras, se bloquent ou ne sont plus rattachés à un ganglion; les vaisseaux s'effondrent donc et deviennent fibreux. Si le tissu fibreux se resserre, il se formera des bandes à travers l'aisselle, sous le sein et sur le bras. On parle alors de « cordon ». Une situation assez douloureuse. Faites régulièrement de l'exercice pour étirer ces cordons. Il est rarement nécessaire de subir une chirurgie pour sectionner ces cordons.

POINTS CLÉS

- La chirurgie pour le cancer du sein implique habituellement soit une intervention visant à retirer la masse cancéreuse (suivie d'une radiothérapie – processus appelé chirurgie mammaire conservatrice), soit une autre visant à retirer complètement le sein (mastectomie).
- La décision de procéder à l'une ou l'autre dépend du site et de la grosseur de la tumeur dans le sein par rapport à la grosseur du sein.
- Advenant la présence d'un cancer invasif, on vérifiera les ganglions pour déceler la présence de cellules cancéreuses.
- La meilleure façon de le faire est de retirer le ganglion sentinelle qui draine le cancer (biopsie du ganglion sentinelle).
- Le curage ganglionnaire est une opération plus importante qui implique le retrait de tous les ganglions du creux axillaire s'il s'avérait que les ganglions contiennent des cellules cancéreuses.
- Si quelques ganglions seulement ont été prélevés et qu'ils contiennent des cellules cancéreuses, il faudra subir une seconde chirurgie visant à retirer le reste des ganglions ou une radiothérapie axillaire.

Radiothérapie

Comment la radiothérapie fonctionne-t-elle ?

La radiothérapie détruit les cellules en croissance à l'aide de rayons X. Comme il y a beaucoup plus de cellules cancéreuses en croissance que de cellules saines, la radiothérapie détruit plus de tissus cancéreux que de tissus normaux. La radiothérapie est souvent utilisée après la chirurgie du cancer du sein.

La radiothérapie s'impose :

- après une chirurgie conservatrice du sein parce qu'il a été prouvé qu'elle diminue de façon spectaculaire les risques de récidive du cancer;
- après la mastectomie, mais elle semble réservée aujourd'hui aux femmes dont le risque de récidive de cancer est élevé sans radiothérapie;

- si seulement quelques ganglions axillaires ont été retirés et qu'il s'avère que ceux qui restent contiennent des cellules cancéreuses;
- pour contrôler certains cancers qu'il n'est pas possible d'opérer; la radiothérapie peut assécher les cancers qui saignent;
- pour réduire la taille du cancer avant la chirurgie;
- pour soigner des cancers qui reviennent ou qui se sont propagés ailleurs dans l'organisme (les os ou le cerveau);
- pour soigner les ganglions situés dans la région supraclaviculaire du cou ainsi que ceux connus sous le nom de nœuds mammaires internes, situés derrière le sternum, si ces derniers sont atteints ou risquent d'être atteints par le cancer.

Qui recevra une radiothérapie après une mastectomie ?

Des études ont montré que la radiothérapie après une mastectomie réduit, chez certaines femmes, non seulement le risque que le cancer réapparaisse, mais augmente aussi les chances de survie. Si vous avez un cancer d'une taille importante ou qui s'est propagé aux ganglions, ou encore un cancer qui est très près de l'arrière du sein, ce qui ne permettra pas au chirurgien de travailler avec une marge bien définie, vous êtes plus susceptible de recevoir une radiothérapie après votre mastectomie. Des essais cliniques sont en cours et visent à identifier les personnes qui auraient intérêt à recevoir une radiothérapie et, surtout, celles qui auraient intérêt à les éviter. Après la mastectomie, la radiothérapie peut s'administrer sur la paroi thoracique, à l'endroit où était le sein, aux ganglions le long du sternum (les nœuds mammaires internes) ainsi qu'aux ganglions axillaires et supraclaviculaires.

Effets indésirables

La radiothérapie engendre relativement peu d'effets indésirables. Vous vous fatiguerez peut-être plus rapidement. Quelques jours après avoir entrepris une radiothérapie, votre peau sera peut-être rouge et un peu sensible, comme si vous aviez pris un peu trop de soleil.

Vers la fin du traitement, il se peut que la peau qui a été traitée saigne. Il se peut aussi, tout comme dans le cas d'une insolation, qu'elle soit un peu douloureuse au contact de l'eau. En général, les radiothérapeutes préfèrent que les femmes gardent la zone traitée sèche et y appliquent de la crème.

Vous devez suivre les conseils de votre radiothérapeute quant aux soins à donner à votre peau. Assurez-vous de ne pas vous exposer au soleil. S'il le faut, mettez d'abord de la crème solaire.

Certaines patientes qui ont eu une radiothérapie, après une chirurgie mammaire ou pour soigner un cancer du sein, ont eu une toux légère due au fait que la radiothérapie, appliquée au sein, atteint une petite partie du poumon sous-jacent, ce qui cause une légère lésion au poumon, d'où l'irritation et la toux.

Quelquefois, mais assez rarement, vous pourriez manquer de souffle. Si vous éprouvez ce problème, parlez-en à votre médecin qui vous prescrira le traitement approprié.

Comment se déroule le traitement ?

La radiothérapie est un ensemble de traitements administrés à l'hôpital, au département de la radiologie. Les

Radiothérapie

La radiothérapie est un traitement du cancer qui détruit les cellules cancéreuses au moyen de rayons ciblés. Elle est administrée le plus souvent en une série de courtes séances quotidiennes, du lundi au vendredi, avec une période de repos le week-end.

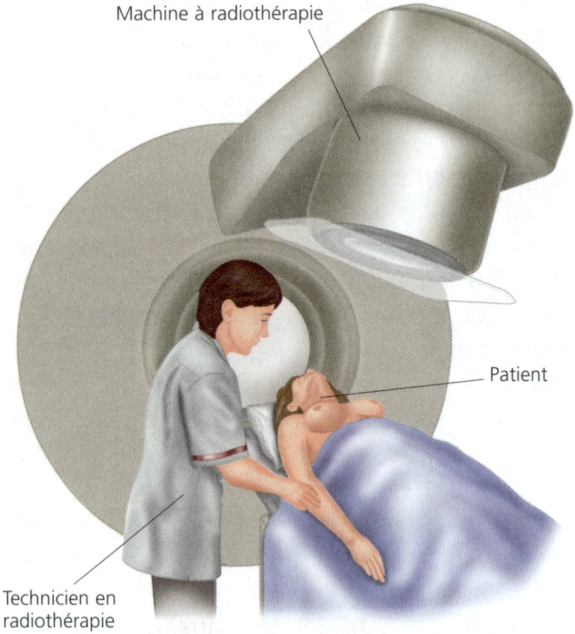

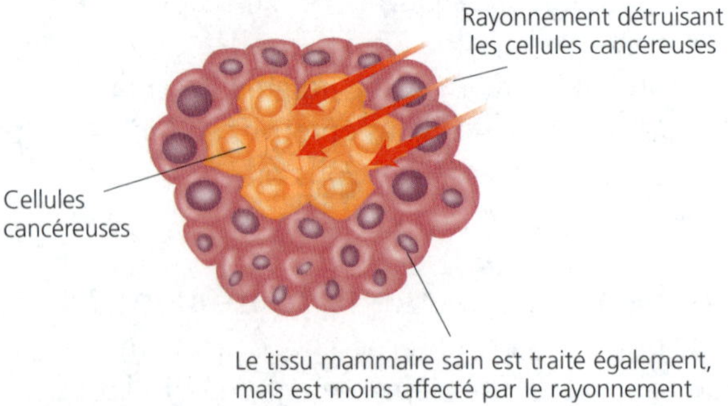

traitements se donnent habituellement du lundi au vendredi à raison d'une séance par jour et se poursuivent sur une période de trois à six semaines.

La plupart des radiothérapies sont externes. Ce qui signifie que rien n'entre en contact avec votre peau. Une autre option est de recevoir une radiothérapie interne en implantant des fils ou des petites pastilles contenant des substances radioactives dans le sein.

Ces fils ou ces petites pastilles sont implantés sous anesthésie générale.

Il est possible de donner un traitement de radiothérapie pendant la chirurgie – un traitement connu sous le nom de radiothérapie per-opératoire. Une pastille ou un autre dispositif est installé dans le sein pour que cette partie du sein bénéficie d'une radiothérapie après la chirurgie. Ces types de radiothérapie locale sont présentement à l'essai et les résultats semblent jusqu'ici très prometteurs, mais il faudra attendre quelques années pour s'assurer qu'ils sont bien sans danger à long terme.

Planification de votre traitement

Votre première visite au département de radiothérapie sera entièrement consacrée à la planification de votre traitement. On vous demandera de vous étendre sous un appareil appelé simulateur qui prendra des images et des scintigrammes de l'endroit à traiter. La planification comprend généralement un scanner, afin de déterminer les doses appropriées et la direction des rayons à employer dans votre cas.

Ces scanners et ces radiographies permettront aux médecins de mettre au point un traitement sur mesure pour vous. Souvent, des marques seront appliquées sur la peau pour aider le technicien en radiothérapie à vous mettre dans la bonne position pour recevoir le traitement.

Si vous devez recevoir une radiothérapie du sein, vous devrez avoir une bonne mobilité de l'épaule et du bras. Si l'amplitude de vos mouvements est limitée, il est important que vous en avisiez vos médecins pour qu'un physiothérapeute vous aide à améliorer votre mobilité pour que la radiothérapie soit pleinement efficace.

En plus de la dose standard de radiothérapie, les femmes qui ont subi une tumorectomie pourraient recevoir une dose supplémentaire de radiothérapie à l'endroit où le cancer était situé dans le sein. C'est ce qu'on appelle un complément d'irradiation.

Ce complément d'irradiation s'avère plus important chez les jeunes femmes que chez les plus agées et réduit considérablement le risque de récidive du cancer du sein.

Le complément d'irradiation est donné à la fin du traitement au moyen de l'appareil de radiothérapie, mais s'administre aussi en installant un implant radioactif dans le sein – c'est ce qu'on appelle la radiothérapie interstitielle.

POINTS CLÉS

- La radiothérapie est un traitement que l'on donne habituellement après une tumorectomie du sein.
- On donne parfois une radiothérapie après une mastectomie, sur les tissus qui restent sur la poitrine et sur les ganglions de l'aisselle ou du cou, si on y a décelé des cellules cancéreuses.
- Un traitement de radiothérapie dure de trois à six semaines.

Traitement pharmacologique

Quand utilise-t-on les médicaments ?

La chirurgie était utilisée comme seul moyen de traitement du cancer du sein jusqu'à ce qu'il devienne évident que certains cancers s'étaient propagés à d'autres parties du corps dans l'intervalle entre le diagnostic et l'intervention chirurgicale. Après la chirurgie, les cellules cancéreuses non traitées continuaient à croître dans les parties du corps où elles avaient migré, provoquant ainsi de nouveaux foyers cancéreux.

Des études récentes montrent que les femmes atteintes d'un cancer précoce du sein qui ont reçu un traitement pharmacologique après la chirurgie, afin de traiter les cellules cancéreuses qui se sont propagées, avaient un meilleur pronostic, une période de survie plus longue et moins de risques de récidive du cancer.

Les traitements pharmacologiques couramment utilisés pour le cancer du sein comprennent :

- hormonothérapie;
- chimiothérapie;
- de nouveaux traitements biologiques ciblés comme le trastuzumab.

Les mêmes médicaments sont utilisés pour faire réduire la taille des tumeurs avant la chirurgie (traitement parfois appelé thérapie néoadjuvante), après la chirurgie en tant que thérapie adjuvante (un traitement donné en plus de la chirurgie et de la radiothérapie) et pour soigner le cancer du sein qui récidive ou qui s'est propagé.

Choisir les traitements en fonction des patientes est complexe. C'est un exercice d'équilibre entre les bénéfices et les effets indésirables. Les facteurs suivants entrent en ligne de compte lorsque l'on choisit un traitement :

- le risque que le cancer récidive;
- les bénéfices probables du traitement;
- les risques et les effets indésirables du traitement;
- l'état de santé de la patiente;
- le point de vue de la patiente.

Les hormonothérapies

Pourquoi l'estrogène est-il important ?

L'estrogène et la progestérone jouent un rôle important dans la croissance et dans le développement des seins normaux. À la puberté, les quantités de ces hormones augmentent et sont responsables du développement des seins. Pendant la grossesse, les niveaux d'hormones augmentent pour permettre la production de lait.

En plus de contrôler l'activité des cellules normales, l'estrogène participe aussi au contrôle de l'activité des cellules cancéreuses. Trois quarts des cancers du sein contiennent des récepteurs pour l'estrogène et (ou) la progestérone à l'intérieur des cellules.

Plusieurs cancers du sein dépendent de l'estrogène et de la progestérone pour leur croissance et il est possible de stopper la croissance des cellules cancéreuses et de les détruire en retirant l'estrogène de l'organisme.

Il est maintenant de rigueur de vérifier si les cancers du sein contiennent des récepteurs d'estrogène (ER) et des récepteurs de progestérone (PR) (voir à la page 85). Certaines tumeurs n'ont pas de récepteurs d'estrogène et sont qualifiées de ER négatives et ne dépendent donc pas de l'estrogène.

Les femmes préménopausées et les femmes ménopausées produisent de l'estrogène. Chez les femmes préménopausées, les ovaires sont la source principale d'estrogène. Le cerveau contrôle la quantité d'estrogène que les ovaires produisent en sécrétant une hormone appelée l'hormone lutéinisante (LH).

La LH stimule une glande située sous le cerveau connue sous le nom d'hypophyse, pour qu'elle produise des hormones qui, à leur tour, stimuleront les ovaires pour que ces derniers produisent de l'estrogène.

Chez les femmes ménopausées, les hormones mâles produites par une glande au-dessus des reins, la glande surrénale, sont converties en estrogène dans les tissus adipeux, les muscles, le foie ainsi que dans les tissus mammaires et même dans les cancers du sein.

Une enzyme appelée aromatase est responsable de la conversion d'une hormone mâle en une hormone femelle. Il existe aujourd'hui des médicaments spécifiques qui bloquent cette enzyme qu'on appelle «des inhibiteurs de l'aromatase».

Organes de reproduction de la femme

Voici une coupe transversale de l'appareil reproductif de la femme. Votre utérus ou ventre a la taille et la forme d'une poire à l'envers. C'est un muscle avec une cavité centrale reliée à l'extérieur par le vagin. Il est aussi relié aux ovaires grâce aux trompes de Fallope.

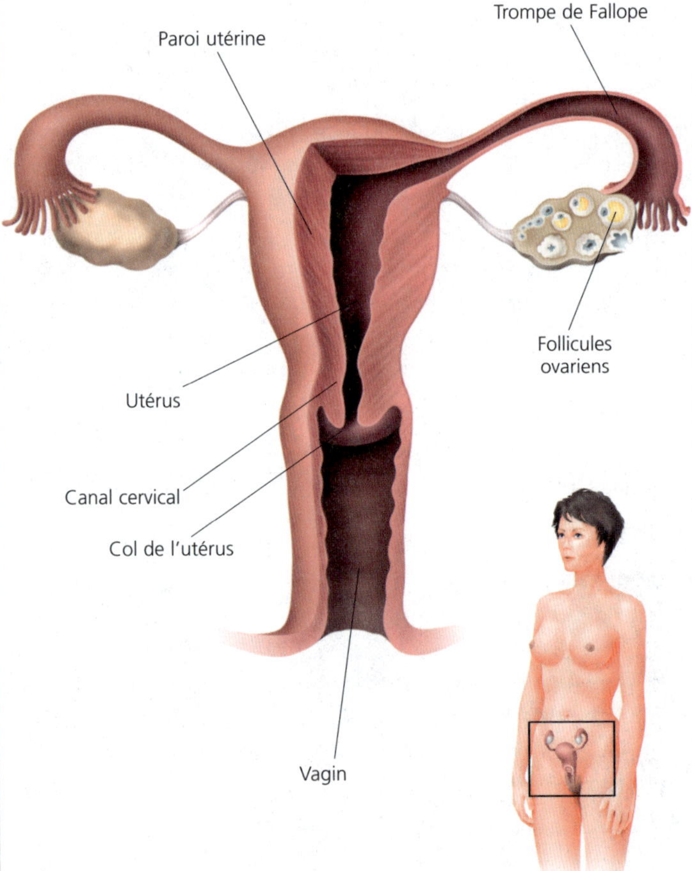

Emplacement

Comment les hormonothérapies fonctionnent-elles ?

Les hormonothérapies fonctionnent de la façon suivante :

- en bloquant l'action de l'estrogène; ou
- en prévenant la production de l'estrogène.

Ces traitements sont très efficaces et occasionnent peu d'effets indésirables en comparaison avec la chimiothérapie. Les femmes dont les tumeurs sont ER négatives ne bénéficient pas de ces traitements.

Tout en réduisant le risque que le cancer revienne, ces médicaments sont aussi efficaces pour réduire le développement de nouveaux cancers du sein. Il existe une variété d'hormonothérapies, incluant :

- l'ablation des ovaires
- la suppression des ovaires

pour réduire la production d'estrogène chez les femmes préménopausées.

Ablation des ovaires

Les ovaires peuvent être enlevés par intervention chirurgicale (oophorectomie) ou par radiothérapie, cette dernière ayant pour effet d'arrêter leur fonctionnement. La méthode la plus facile pour retirer les ovaires est la laparoscopie. Le problème lié à l'oophorectomie, c'est qu'aussitôt qu'elle est pratiquée elle induit de façon soudaine et permanente les symptômes de la ménopause.

Il n'en demeure pas moins que cette intervention est efficace et particulièrement importante dans le cas des femmes porteuses d'une mutation du gène BRCA1 ou BRCA2 qui sont à risque de contracter un cancer du sein ou des ovaires. En retirant les ovaires, on diminue de façon spectaculaire le risque de contracter à la fois le cancer du sein et des ovaires. Si ces femmes porteuses d'une mutation génétique ont eu le cancer du sein, l'oophorectomie réduit le risque de récidive du cancer.

Suppression des ovaires

Les agonistes de la LHRH

Des médicaments qui bloquent la production de l'hormone stimulant les ovaires à produire de l'estrogène ont été récemment mis au point. Ces médicaments, administrés une fois par mois sous forme d'injection, portent le nom de substance libératrice de l'hormone lutéinisante.

On les prescrit aux femmes qui ont un cancer précoce du sein, comme traitement après la chirurgie ou aux femmes atteintes de cancer du sein avancé. Les effets de ces médicaments sont toutefois réversibles lorsque la femme cesse de les prendre.

Plusieurs femmes ont constaté que leurs menstruations ont mis des mois, voire des années avant de revenir lorsqu'elles ont cessé de prendre le médicament. Le retour des menstruations dépend de votre âge et des médicaments que vous avez pris.

Ces médicaments sont présentement à l'essai chez les femmes qui ont des cancers ER négatifs (qui ne sont pas sensibles aux hormones) qui sont en chimiothérapie, afin d'essayer de protéger leurs ovaires des effets nocifs de la chimiothérapie. On espère qu'en arrêtant le fonctionnement des ovaires, il y aura moins de séquelles dues à la chimiothérapie et que ces médicaments pourront même permettre aux femmes de maintenir leur fertilité intacte, même après la chimiothérapie.

Le médicament le plus courant et le seul qui a été accrédité pour le cancer du sein est le goserelin (Zoladex). Il y a d'autres médicaments disponibles dont le buserelin (Prostap), entre autres. Les autres médicaments sont utilisés principalement pour le cancer de la prostate, mais comme ils ont un effet identique à celui du goserelin, les médecins les prescrivent parfois pour le cancer du sein.

Le goserelin est administré par injection une fois par mois au bas du ventre, dans la peau située sous le nombril. Il existe une injection trimestrielle de ce médicament, mais, comme il n'est pas d'une efficacité constante pendant les trois mois sous cette forme, il est surtout utilisé pour les hommes atteints du cancer de la prostate.

Les agonistes LHRH, utilisés dans les cas précoces de cancer du sein, sont prescrits pendant deux à cinq ans aux femmes préménopausées et peuvent remplacer la chimiothérapie, ou encore peuvent se donner en complément d'une chimiothérapie. Ils sont souvent combinés à d'autres médicaments comme le tamoxifène ou l'inhibiteur de l'aromatase.

Les médicaments qui interfèrent avec les actions des hormones

Antiestrogènes

Plutôt que de stopper la production d'estrogène, ces médicaments empêchent l'estrogène de se rendre aux récepteurs d'estrogène. Ce sont des antiestrogènes.

Le tamoxifène est l'antiestrogène le plus courant. Le Fulvestrant en est un autre qui est parfois prescrit. Le tamoxifène est un médicament dont l'usage est très répandu et qui s'est montré extrêmement efficace pour le traitement des femmes avec un cancer du sein ER positif, et ce, à tout âge et à tout stade de la maladie. Le tamoxifène est un comprimé que l'on prend une fois par jour.

Tamoxifène

Les femmes atteintes d'un cancer du sein précoce et qui ont pris pendant cinq ans du tamoxifène ont réduit de façon significative leur risque de récidive du cancer, ainsi que le risque de développer un nouveau cancer dans l'autre sein et ont un taux de survie plus élevé.

Ce ne sont pas toutes les femmes qui prennent du tamoxifène qui en bénéficient, et l'une des raisons qui explique ce phénomène est le fait que les gens n'ont pas tous les mêmes réactions au tamoxifène. Le tamoxifène se transforme après avoir été absorbé en une forme plus active d'antiestrogène.

Certaines personnes convertissent plus de tamoxifène en une forme active que d'autres. Des tests sont présentement effectués pour déterminer quelles sont les personnes qui convertissent moins bien le tamoxifène. Elles en tirent moins d'avantages parce qu'elles ne transforment pas suffisamment le tamoxifène en forme active. Ces personnes se verront prescrire d'autres médicaments.

Le tamoxifène est également efficace chez les femmes préménopausées et les femmes ménopausées et peut, chez ces dernières, être pris de façon séquentielle, avec les nouveaux inhibiteurs de l'aromatase. On peut, par exemple, prendre le tamoxifène pendant deux ans, puis un inhibiteur de l'aromatase pendant trois ans; ou le tamoxifène pendant cinq ans, puis un inhibiteur de l'aromatase pendant cinq ans.

Bien que le tamoxifène ait des effets antiestrogéniques dans le sein, il a, dans plusieurs parties de l'organisme, un effet similaire à l'estrogène. Ce qui est heureux, car les femmes ménopausées peuvent alors conserver des os solides, abaisser leur taux de cholestérol et possiblement réduire les risques d'accident vasculaire.

Effets indésirables du tamoxifène

Comme il agit comme l'estrogène, il provoque le même genre de problèmes et de complications qu'on observe chez les femmes qui suivent une hormonothérapie de substitution. Les effets indésirables du tamoxifène sont :

- les bouffées de chaleur;
- une irritation ou un écoulement vaginal;
- le gain de poids; des études à l'aveugle n'ont pas montré que les femmes qui prennent du tamoxifène prennent plus de poids, mais une prise de poids est couramment rapportée par les femmes atteintes du cancer du sein qui prennent ce médicament;
- l'augmentation des douleurs articulaires;
- des problèmes aux yeux : le tamoxifène peut légèrement augmenter le risque de cataracte et d'une maladie appelée iritis;
- un risque accru de développer une thrombophlébite et une embolie pulmonaire (des caillots de sang dans la jambe qui peuvent monter jusqu'aux poumons); il s'agit d'une complication assez rare et le risque ne se retrouve que chez les femmes ménopausées;
- un risque accru de développer un cancer de l'endomètre (cancer du ventre) chez les femmes ménopausées; ce type de cancer est rare mais le tamoxifène double et triple la probabilité qu'une femme soit atteinte d'un cancer de l'endomètre. Pour cette raison, toutes les femmes qui ont des saignements vaginaux et qui prennent le tamoxifène doivent être examinées.

Les femmes doivent éviter de devenir enceintes pendant qu'elles prennent du tamoxifène parce qu'on ignore les effets de ce médicament sur les bébés. Les femmes doivent de plus adopter des méthodes de contraception dites de « barrières » parce que le tamoxifène est reconnu pour augmenter les chances de devenir enceinte; d'ailleurs, des médicaments similaires au tamoxifène sont utilisés pour traiter l'infertilité.

Fulvestrant

Le Fulvestrant est administré sous forme d'injection dans la fesse, une fois par mois. Des recherches tentent de déterminer quelle serait la meilleure dose à utiliser et examinent la possibilité d'administrer des doses plus importantes – deux injections aux deux semaines pour le premier mois, puis deux injections par mois, plutôt que la dose habituelle d'une fois par mois en vigueur présentement.

Le Fulvestrant est considéré comme un « pur » anti-estrogène et n'a pas les mêmes effets indésirables que le tamoxifène sur l'endomètre (paroi du ventre) et ne semble pas augmenter le risque de développer des caillots.

Inhibiteurs de l'aromatase

Ces médicaments empêchent la conversion des hormones mâles en hormones femelles. Ils sont efficaces seulement chez les femmes ménopausées et ne sont pas recommandés pour les femmes préménopausées. En réduisant la production d'estrogène à des niveaux extrêmement bas, les inhibiteurs de l'aromatase privent les cellules cancéreuses d'estrogène, provoquant ainsi une réduction de la taille du cancer.

Connus sous les noms de anastrozole, létrozole et exémestane, les inhibiteurs de l'aromatase en usage ont une action bien précise et sont très efficaces.

- Une dose d'anastrozole de un milligramme par jour, administrée par voie orale, a fait l'objet de recherches approfondies en tant que traitement adjuvant (traitement donné en supplément de la thérapie primaire) donné aux femmes ménopausées et en tant que traitement des cancers du sein métastatiques (cancers qui se sont propagés). Il semble être encore plus efficace que le tamoxifène.
- On a trouvé qu'une dose de létrozole, administrée oralement à raison de deux milligrammes et demi par jour, a eu un effet considérablement plus efficace que le tamoxifène dans le cas des cancers du sein métastatiques. Des études sur le cancer précoce du sein ont également montré que ce médicament est plus efficace que le tamoxifène lorsqu'il est utilisé comme traitement adjuvant. Le létrozole est couramment utilisé chez les femmes qui ont des cancers de grande taille ER positifs en vue de faire diminuer la tumeur avant la chirurgie ou pour transformer un cancer préalablement inopérable en un cancer qu'on peut opérer. De plus, les études ont montré que les femmes qui ont pris du tamoxifène pendant cinq ans et qui poursuivent avec du létrozole vont mieux que les femmes qui ne bénéficient d'aucun autre traitement.
- L'exémestane est le moins utilisé des inhibiteurs de l'aromatase mais c'est un médicament très efficace. À raison de 25 milligrammes par jour par voie orale, ce médicament est efficace pour les cancers résistants au létrozole et à l'anastrozole. Une étude a

montré que les femmes qui prennent du tamoxifène pendant deux à trois ans et qui changent ensuite pour l'exémestane ont de meilleurs pronostics que celles qui continuent à prendre du tamoxifène pendant cinq ans.

Effets indésirables des inhibiteurs de l'aromatase

Ces médicaments sont en général bien tolérés. Il est possible qu'ils aient des effets un peu différents selon les personnes qui les prennent. Si une femme a eu des effets indésirables avec un de ces inhibiteurs de l'aromatase, il n'est pas dit qu'elle aura les mêmes problèmes avec un autre inhibiteur de l'aromatase.

Bouffées de chaleur

Des études semblent montrer que les inhibiteurs de l'aromatase provoquent un peu moins de bouffées de chaleur que le tamoxifène.

Sécheresse vaginale

À cause de l'absence d'estrogène, il se peut que vous éprouviez des problèmes de sécheresse vaginale. Bien que cette sécheresse puisse se traiter avec des crèmes locales, incluant des crèmes à base d'estrogène, la quantité d'estrogène dans ces crèmes doit être extrêmement basse, car des études ont montré que ces préparations appliquées dans le vagin peuvent provoquer une hausse des taux d'estrogène dans le sang.

Douleurs musculaires et articulaires

Ces douleurs semblent plus fréquentes avec les inhibiteurs de l'aromatase qu'avec le tamoxifène.

Fatigue

Certaines femmes qui prennent ces médicaments se plaignent de fatigue.

Augmentation du taux de fractures

Comme ces médicaments stoppent la production d'estrogène et que l'estrogène est important pour la santé des os, les femmes qui prennent ces médicaments ont un risque légèrement accru de fracture des os. Les femmes qui les prennent pendant de longues périodes devraient passer des examens pour vérifier la densité de leurs os et si leurs os sont fragiles (ostéoporotiques); un traitement aux bisphosphonates devrait être efficace pour solidifier les os. Les bisphosphonates peuvent être pris en même temps que les inhibiteurs de l'aromatase, il n'est donc pas nécessaire d'interrompre ce traitement même si la patiente développe de l'ostéoporose.

Soigner les bouffées de chaleur chez les femmes qui prennent du tamoxifène ou des inhibiteurs de l'aromatase

Les bouffées de chaleur ont tendance à s'atténuer avec le temps; mais elles peuvent être éprouvantes, surtout si elles se produisent la nuit avec des sueurs froides. Porter des vêtements légers en coton peut améliorer la situation.

L'acétate de mégestrol est un médicament qui agit dans l'organisme comme la progestérone, l'hormone femelle naturelle, et qui s'avère efficace contre les bouffées de chaleur. On l'utilise à faible dose (20 mg par jour), et il est efficace chez environ 80 % des femmes.

Il n'existe pas de preuves que l'acétate de mégestrol augmente le risque de récidive du cancer du sein et il améliore très certainement la qualité de vie des femmes qui ont des bouffées de chaleur.

Les médicaments utilisés pour traiter la dépression, entre autres la venlafaxine et la fluoxétine, ont montré une certaine efficacité dans la réduction des bouffées de chaleur, mais la fluoxétine peut rendre le tamoxifène moins efficace; la prudence est donc de mise.

Récemment, un médicament appelé gabapentine s'est avéré efficace pour atténuer les bouffées de chaleur.

Bien que certaines femmes prennent des produits à base de soya (contenant des phytoestrogènes) et pensent que ces produits atténuent les bouffées de chaleur, il n'est pas recommandé de consommer ces produits qui contiennent des quantités substantielles de phytoestrogènes pour traiter les bouffées de chaleur des femmes atteintes de cancer.

Des études ont montré que l'utilisation de la vitamine E et de l'huile d'onagre n'avait pas d'effet significatif sur les bouffées de chaleur.

La clonidine est parfois efficace mais, comme il ne s'agit pas d'un médicament plaisant à prendre, cela ne vaut pas vraiment la peine de l'essayer.

Des essais cliniques sur les femmes suivant une hormonothérapie de substitution (HTS) ont montré que les risques de récidive du cancer étaient plus élevés; il n'est donc pas recommandé de prescrire une HTS aux femmes qui ont un cancer du sein hormonodépendant.

La tibolone (Livial) est un médicament qui a des effets semblables à l'estrogène, toutefois ce n'est pas de l'estrogène. Elle réduit effectivement les bouffées de chaleur associées au tamoxifène mais, tout comme la HTS, elle augmente les risques de récidive du cancer du sein. La tibolone n'est donc pas indiquée pour les femmes atteintes du cancer du sein qui prennent du tamoxifène.

Choisir son hormonothérapie

Les femmes préménopausées

Les femmes préménopausées ont le choix entre les agonistes de la LHRH combinés avec le tamoxifène ou le tamoxifène seulement.

La plupart des femmes prennent du tamoxifène et quelques femmes plus jeunes, préménopausées, qui ont toujours des règles régulières se verront conseiller du tamoxifène combiné avec un agoniste de la LHRH.

Des études chez les femmes plus jeunes ont examiné si le fait de combiner un agoniste de la LHRH avec un inhibiteur de l'aromatase est mieux que de jumeler le premier à du tamoxifène. Il semble que les deux combinaisons soient efficaces.

Hormonothérapies

Hormonothérapie	Convenant aux	Méthodes d'administration
Ablation des ovaires	Femmes préménopausées seulement	Chirurgie ou radiothérapie
Agonistes de la LHRH	Femmes préménopausées seulement	Injection mensuelle dans le ventre
Tamoxifène	Femmes préménopausées et ménopausées	Comprimé quotidien de 20 mg
Fulvestrant	Femmes ménopausées seulement	Injection mensuelle dans l'une ou les deux fesses
Inhibiteurs de l'aromatase	Femmes ménopausées si donné seul. Peut se combiner avec les agonistes de la LHRH pour les préménopausées	Comprimé quotidien d'anastrozole 1 mg létrozole 2,5 mg exémestane 25 mg

Durée du traitement	Effets indésirables
Permanent	Induction de la ménopause Sécheresse vaginale Bouffées de chaleur Ostéoporose
De 2 à 5 ans	Mêmes qu'avec l'ablation des ovaires Douleur et ecchymoses au site de l'injection
Habituellement 5 ans / quelquefois pendant 2 ans suivi de 3 ans d'inhibiteurs de l'aromatase chez les femmes ménopausées	Thrombo-embolie Bouffées de chaleur Libido altérée Malaises gastro-Intestinaux Écoulement ou sécheresse vaginale Cycle menstruel perturbé Cancer de l'endomètre Gain de poids
Peut se poursuivre tant que le traitement est efficace	Douleur au site de l'injection, sinon les mêmes que le tamoxifène sauf pour la thrombo-embolie et le cancer de l'endomètre
Habituellement 5 ans à moins d'être utilisés pendant 3 ans à la suite de 2 ans de tamoxifène	Bouffées de chaleur (moins qu'avec le tamoxifène) Douleurs musculaires et articulaires Ostéoporose Fatigue Sécheresse vaginale

Les femmes ménopausées

Les femmes ménopausées ont le choix entre le tamoxifène ou les inhibiteurs de l'aromatase. Les options actuelles se déclinent ainsi :

- cinq ans de tamoxifène;
- cinq ans d'un inhibiteur de l'aromatase;
- deux à trois ans de tamoxifène suivis de deux à trois ans d'un inhibiteur de l'aromatase;
- cinq ans de tamoxifène suivis de trois ans d'un inhibiteur de l'aromatase;
- deux ans d'un inhibiteur de l'aromatase suivis de trois ans de tamoxifène.

La décision quant au traitement que vous devriez suivre dépend de votre état de santé général et du risque de récidive du cancer. Si vous avez déjà eu par le passé une thrombophlébite ou une embolie pulmonaire, le tamoxifène ne vous convient pas et l'on vous prescrira plutôt un inhibiteur de l'aromatase. La plupart des femmes se verront prescrire un inhibiteur de l'aromatase immédiatement après la chirurgie ou après deux à cinq ans de tamoxifène.

De plus en plus de patientes qui ont pris du tamoxifène pendant deux à trois ans changeront pour un inhibiteur de l'aromatase, car des études ont montré que cette option réduit les risques de récidive du cancer.

De nos jours, la plupart des femmes qui terminent un traitement au tamoxifène d'une durée de cinq ans recevront le conseil de prendre du létrozole pendant cinq ans parce que non seulement ce traitement réduit les risques de récidive du cancer, mais augmente les chances de survie des femmes qui ont eu des cellules cancéreuses dans les ganglions.

Chimiothérapie après la chirurgie (chimiothérapie adjuvante)

Les médicaments utilisés en chimiothérapie sont des poisons qui tuent rapidement les cellules en croissance. La chimiothérapie adjuvante sert à détruire toute cellule cancéreuse qui se serait détachée de la tumeur du sein ou des ganglions pour migrer ailleurs dans l'organisme.

Même si les scanners montrent qu'il n'y a aucun signe de propagation du cancer, on sait qu'il existe chez certaines femmes des petits groupes de cellules cancéreuses indétectables qui, laissées à elles-mêmes, deviendront un jour ou l'autre problématiques. La chimiothérapie se donne avant ou après la chirurgie. Lorsqu'elle est donnée après la chirurgie, c'est immédiatement après celle-ci, avant la radiothérapie.

La chimiothérapie et l'hormonothérapie ne sont habituellement pas données en même temps parce que la chimiothérapie s'en prend à la prolifération des cellules tandis que l'hormonothérapie s'attaque à leur croissance.

Si vous devez avoir une chimiothérapie et une hormonothérapie, cette dernière ne débutera que lorsque la chimiothérapie sera terminée.

Est-ce que j'aurai une chimiothérapie ?

La décision d'avoir une chimiothérapie est basée sur les facteurs suivants :

- la taille de la tumeur;
- les ganglions sont affectés;

- le grade de la tumeur;
- le statut (ER positif ou ER négatif) du récepteur d'hormones de la tumeur;
- selon que le cancer est EGF2 positif ou négatif;
- votre âge et votre forme physique.

En général, vous êtes davantage susceptible de recevoir une chimiothérapie si :

- votre tumeur est volumineuse (plus de deux centimètres);
- vos ganglions sont affectés;
- la tumeur est de grade 3 (voir à la page 223);
- le cancer est EGF2 positif (voir à la page 222);
- vous êtes âgée de moins de 50 ans;
- la tumeur est ER négatif (voir à la page 142).

Si l'une ou plusieurs de ces caractéristiques s'appliquent à vous, il est probable que vous serez une bonne candidate à la chimiothérapie. Bien que la chimiothérapie soit légèrement plus efficace pour les cancers ER négatifs, elle est aussi efficace dans le cas des cancers ER positifs et, de plus, elle réduit les risques de récidive du cancer, et ce, beaucoup plus et au-delà des résultats obtenus avec l'hormonothérapie seulement.

Chimiothérapie intraveineuse

Parfois, la chimiothérapie est donnée avant la chirurgie soit pour ralentir la croissance, soit pour réduire le volume de la tumeur. La chimiothérapie donnée après la chirurgie commence habituellement avant la radiothérapie, environ trois à quatre semaines après la chirurgie afin de permettre à votre organisme de récupérer un peu.

La chimiothérapie est administrée le plus souvent par intraveineuse et chaque séance dure quelques heures et est suivie d'une période de repos de quelques semaines, pour permettre à votre organisme de se remettre de tout effet indésirable.

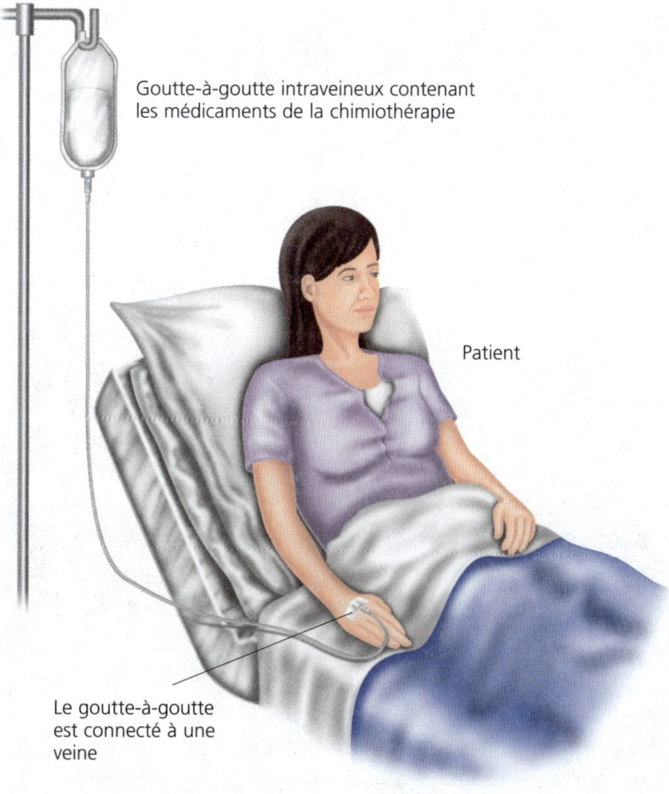

Avantages de la chimiothérapie

La chimiothérapie est plus avantageuse pour les femmes qui ont un risque plus grand de souffrir d'une récidive du cancer que pour les femmes avec un risque moins élevé.

Une partie de l'efficacité de la chimiothérapie chez les femmes plus jeunes, c'est qu'elle provoque la ménopause; les ovaires cessent donc de produire de l'estrogène.

Bien que la chimiothérapie semble efficace pour les femmes de tous âges, celles qui en bénéficient le plus sont les jeunes femmes.

Comment se déroule une chimiothérapie ?

La plupart des femmes qui reçoivent une chimiothérapie recevront une combinaison de médicaments. Ces médicaments seront administrés par injection intraveineuse une fois toutes les trois semaines (un cycle). Un traitement complet est habituellement constitué de 4, 6, 8 ou même 12 cycles.

Les médicaments utilisés sont les anthracyclines, qui se sont révélées l'une des familles de médicaments les plus efficaces dans le cas du cancer du sein. Les anthracyclines les plus utilisées sont la Doxorubicine ou Adriamycine (A) et l'épirubicine (E). Les anthracyclines sont souvent combinées aux cyclophosphamides (C) et au fluorouracile (F) formant le cocktail suivant : CAF ou FEC, selon l'initiale des médicaments utilisés. Les autres médicaments utilisés couramment sont une combinaison de cyclophosphamide, de méthotrexate et de fluorouracile connue sous le sigle de CMF.

Dernièrement, des médicaments pour la chimiothérapie du cancer du sein appelés taxanes ont fait leur apparition. Les taxanes sont extraites de l'écorce du bois d'if et comprennent deux médicaments en usage : le paclitaxel (taxol) et le docétaxel (taxotère).

On se sert de ces médicaments pour soigner les femmes atteintes d'un cancer du sein métastatique, mais on s'en sert également pour soigner certaines femmes atteintes d'un cancer précoce du sein. Les recherches montrent que ces médicaments ont un effet très positif pour les femmes qui ont un risque élevé de récidive; ils font donc de plus en plus partie du traitement de chimiothérapie adjuvante.

La capécitabine est un médicament administré par voie orale dont l'action est similaire au fluoro-uracile et est généralement bien tolérée par les patientes; son plus grand avantage est d'être disponible sous forme de comprimés.

L'emploi de la capécitabine après la chirurgie fait présentement l'objet de recherches. On peut l'employer seule ou combinée avec d'autres médicaments chez les patientes dont le cancer s'est propagé.

Les combinaisons de médicaments couramment employées sont les suivantes :

- FEC : fluoro-uracile, épirubicine et cyclophosphamide pour six cycles;
- CAF : cyclophosphamide, Adriamycine (Doxorubicine) et fluoro-uracile pour quatre ou six cycles;
- Épi-CMF : trois ou quatre cycles d'épirubicine ou épirubicine suivie par trois ou quatre cycles de CMF;
- ACT : quatre cycles de Doxorubicine (Adriamycine) et cyclophosphamide suivis par trois ou quatre cycles d'une taxane;
- TAC : une taxane combinée à du Doxorubicine (Adriamycine) et cyclophosphamide pour six cycles;

- AC : quatre cycles d'Adriamycine (Doxorubicine) et cyclophosphamide.

D'autres combinaisons sont également utilisées.

Chimiothérapie avant la chirurgie (chimiothérapie néoadjuvante)

La chimiothérapie se donne aussi comme traitement initial dans le cas de tumeurs volumineuses ou de cancers du sein localement avancés pour réduire la taille des tumeurs avant la chirurgie. C'est ce que l'on appelle une chimiothérapie néoadjuvante.

Les avantages de la chimiothérapie néoadjuvante sont les suivants :

- une tumeur volumineuse qui en d'autres temps aurait requis une mastectomie pourrait rapetisser suffisamment pour permettre une chirurgie mammaire conservatrice;
- si le cancer est localement avancé et qu'il ne semble pas possible d'envisager une chirurgie, la chimiothérapie pourrait faire en sorte de le rendre opérable;
- si la tumeur réagit à la chimiothérapie et que le cancer a été enrayé par cette dernière, ce qui indique que le pronostic à long terme sera positif;
- si les médicaments utilisés ne sont pas efficaces, le traitement peut être changé.

Effets indésirables de la chimiothérapie

Les médicaments inhérents à la chimiothérapie s'attaquent aux cellules lors de leur division cellulaire; des tissus comme la mœlle osseuse, les follicules pileux ainsi que les parois des intestins et de la vessie sont donc tous affectés par la chimiothérapie, ce qui explique les effets secondaires déplaisants. Il existe aujourd'hui des traitements qui minimisent ces effets indésirables.

Suppression de la mœlle épinière

La plupart des médicaments de la chimiothérapie diminuent la production des cellules sanguines dans la mœlle épinière. Il existe plusieurs types de cellules dans le sang, dont les suivantes :

- globules blancs qui aident à combattre les infections;
- globules rouges qui transportent l'oxygène à travers l'organisme;
- plaquettes, essentielles à la coagulation du sang.

Si la production d'un seul de ces types de cellules est entravée par la chimiothérapie, il est probable que vous éprouviez l'un ou plusieurs des problèmes suivants; si tel est le cas, contactez votre médecin et demandez-lui conseil.

Une moins grande résistance aux infections

Vous devrez passer une numération globulaire avant chaque nouveau cycle de chimiothérapie. Si votre numération de leucocytes (globules blancs) est faible, votre chimiothérapie sera peut-être remise à plus tard ou la dose sera revue à la baisse, ou encore, on vous donnera peut-être un médicament pour stimuler la production des globules blancs.

Les taux les plus bas de numération de leucocytes se produisent environ 7 à 10 jours après le début d'une chimiothérapie. Si vous êtes fiévreuse ou ne vous sentez pas bien avec des symptômes de grippe, il est très important d'appeler à l'hôpital.

Vous devrez vous rendre à l'hôpital pour recevoir des antibiotiques. Si ce phénomène se reproduit au cours d'une autre chimiothérapie, vous pourriez recevoir un médicament visant à stimuler votre mœlle épinière à produire des globules blancs ou la dose du médicament responsable sera revue à la baisse.

Anémie (diminution des globules rouges dans le sang)

Si vous êtes anémique, vous vous sentirez fatiguée, amorphe, étourdie et à bout de souffle. Si vous êtes très anémique, vous devrez recevoir une transfusion de sang.

On peut aussi vous prescrire un médicament du nom d'érythropoïétine (EPO), qui stimulera votre mœlle épinière à produire plus de globules rouges.

Ecchymoses/saignements

Une faible numération de plaquettes provoque des symptômes comme le saignement du nez, une propension à se faire des ecchymoses et des saignements fréquents et inexpliqués. Ces phénomènes peuvent se produire durant les périodes de repos entre les chimiothérapies et sont des conséquences directes de la chimiothérapie sur la production de plaquettes, ces dernières jouant un rôle important dans la coagulation sanguine.

Nausées et vomissements

Ce sont des effets secondaires dérangeants, et les médecins et les infirmières qui administrent la chimiothérapie vont tout faire pour que vous n'en soyez pas victime. Une médication visant à éliminer les nausées et les vomissements vous sera administrée avant de débuter la chimiothérapie et continuera pendant quelques jours après que celle-ci soit terminée. Même si vous vous sentez bien, vous devriez prendre cette médication parce qu'il vaut mieux prévenir que guérir.

Aphtes buccaux

C'est un phénomène qui se produit souvent au cours d'une chimiothérapie, particulièrement lorsque l'on utilise des anthracyclines. Il est important de porter une attention spéciale à votre hygiène buccale. Brossez-vous les dents avec une brosse souple et utilisez un rince-bouche après les repas. Certaines personnes se plaignent d'avoir la bouche sèche. Évitez les travaux dentaires majeurs pendant que vous êtes en chimiothérapie.

Perte des cheveux

Il est presque inévitable que vous perdiez vos cheveux avec l'emploi de certains médicaments comme les anthracyclines et les taxanes. Le refroidissement du cuir chevelu réduit la perte de cheveux mais doit être effectué avant et quelques temps après la chimiothérapie pour être un tant soit peu efficace.

Il y a deux méthodes pour refroidir le cuir chevelu, l'une consistant à porter un casque refroidissant contenant un gel préalablement mis au congélateur; la seconde consiste à souffler de l'air très froid sur votre cuir chevelu.

La perte de cheveux débute généralement environ deux à trois semaines après le premier cycle de chimiothérapie et, dès le deuxième cycle, la plupart des femmes auront perdu tous leurs cheveux.

Les cils, les sourcils et autres parties poilues du corps sont aussi souvent affectés. Vous devriez vous procurer une perruque avant de commencer la chimiothérapie.

La plupart des femmes s'accommodent somme toute assez bien de la perte de leurs cheveux et sont surprises de constater qu'elles sont moins affectées qu'elles ne pensaient l'être. Une fois la chimiothérapie terminée, les cheveux recommencent à pousser, mais seront peut-être plus doux et plus frisés.

Ménopause précoce

La chimiothérapie entrave, entre autres, la croissance des tissus des ovaires, et les femmes qui ont eu une chimiothérapie sont susceptibles d'avoir leur ménopause à un plus jeune âge. Même si vos règles ne sont pas revenues après la chimiothérapie, cela ne veut pas forcément dire que vous êtes ménopausée.

Chez certaines femmes, il existe un hiatus de plusieurs mois après la fin de la chimiothérapie et le retour de leurs menstruations. De plus, la chimiothérapie réduit vos chances d'enfanter.

Si vous souhaiter avoir des enfants, il est important d'en discuter avec votre médecin avant d'entreprendre une chimiothérapie. Il existe plusieurs méthodes pour conserver des œufs ou des parties de l'ovaire pour contourner ce problème. Des études en cours essaient de voir si des analogues de la LHRH peuvent protéger les ovaires des effets nocifs de la chimiothérapie.

Bien que les règles de la plupart des femmes cessent durant la chimiothérapie, il est important de savoir qu'il subsiste toujours une chance que vous deveniez enceinte pendant que vous suivez votre chimiothérapie; vous devez donc vous assurer de prendre vos précautions et d'utiliser les méthodes de contraception dites de barrière.

Fatigue

Toutes les femmes sous chimiothérapie souffrent de fatigue et de lassitude. C'est l'effet secondaire dont les femmes se plaignent le plus. Il faut prendre conscience que pendant la chimiothérapie, vous n'aurez pas la même énergie qu'avant.

Ce qui ne veut pas dire que vous devez cesser toute activité. Vous devez diminuer le rythme, mais continuer à faire de l'exercice physique, sinon vous aurez tendance à prendre du poids. Faire régulièrement de l'exercice comme de la natation ou de la marche limitera votre gain de poids et vous aidera à maintenir un bon niveau d'énergie. Le problème avec la fatigue, c'est qu'elle subsiste parfois longtemps après que la chimiothérapie soit terminée. Chez certaines femmes, elle peut se poursuivre pendant des années.

Diarrhée

Certaines femmes en sont affligées, mais des médicaments peuvent remédier à la situation.

Constipation

C'est le plus courant des effets indésirables des médicaments que l'on donne pour les nausées. Il est important de bien vous hydrater et d'avoir une diète équilibrée pendant la chimiothérapie parce que c'est le meilleur moyen de remédier à ce problème.

Thrombose et embolie pulmonaire

Les femmes qui subissent une chimiothérapie courent un risque légèrement plus élevé de souffrir de ces complications. Si votre jambe enfle ou si vous avez le souffle court, vous devez en informer immédiatement votre médecin.

Problèmes au niveau des veines

La chimiothérapie est administrée par les veines du dos de la main. Si on vous a retiré tous les ganglions axillaires d'un côté, la chimiothérapie est habituellement administrée sur la main opposée.

Une fois que la chimiothérapie a été injectée dans une veine, cette dernière est endommagée. La veine devient douloureuse et (ou) durcit et le sang cesse d'y circuler. La situation se rétablit au bout de quelques semaines.

La chimiothérapie est habituellement administrée au moyen d'un goutte-à-goutte et il est important de s'assurer que le liquide ne s'échappe pas de la veine dans les tissus environnants. La chimiothérapie est administrée par des infirmières d'expérience et des médecins conscients de ce problème.

Atteinte à votre cœur

La Doxorubicine (Adriamycine) et, dans une moindre mesure, l'épirubicine peuvent, à haute dose, endommager le cœur. Les médecins le savent et ajustent minutieusement le dosage pour que cette situation ne se produise pas. Il arrive parfois que l'on demande un scanner du cœur avant la chimiothérapie pour en vérifier le fonctionnement.

Un problème propre aux femmes qui prennent une combinaison d'anthracyclines et de trastuzumab (Herceptin – voir ci-dessous) a été décelé. Si l'on vous prescrit cette combinaison de médicaments, vous devrez passer des scanners du cœur avant le traitement et tout au long de celui-ci pour s'assurer que vous ne développerez pas le problème en question.

Cystite

Certains médicaments, surtout les cyclophosphamides, provoquent parfois une irritation de la vessie (cystite), une complication qui se résorbe en buvant de l'eau de façon régulière.

Atteintes des nerfs

Les taxanes endommagent parfois les nerfs des mains et des pieds en provoquant des douleurs, des picotements et des engourdissements dans les membres. Parlez-en à votre médecin si vous éprouvez ce problème.

Rougeur des mains et des pieds

Le fluoro-uracile administré par intraveineuse et la capécitabine (Xeloda), sous forme de comprimés, ont parfois pour effet de rendre la paume des mains et la plante des pieds rouges et douloureuses.

Modifications de la peau et des ongles

La peau de vos mains et de vos pieds pourrait devenir sèche et squameuse au bout de quelques cycles de chimiothérapie. Votre peau sera plus sensible aux insolations et vos ongles auront tendance à se décolorer.

Urine rouge

L'épirubicine est rouge; vous pourriez remarquer que votre urine est rouge jusqu'à 24 heures après chaque injection.

Vertige/bouffée de chaleur

Ces phénomènes se produisent parfois suite à l'injection de cyclophosphamide.

Goût temporairement altéré

Ce phénomène se produit parfois au cours de la chimiothérapie. Les aliments au goût franc et épicé sont souvent meilleurs que les aliments fades ! Certaines patientes perdent leur sens du goût.

Trastuzumab

Le trastuzumab (Herceptin) est un nouveau type de médicament que l'on donne aux femmes dont les cancers ont beaucoup de récepteurs de EGF2 à la surface de leurs cellules cancéreuses. Ces cancers sont connus sous le nom de EGF2 positifs. L'EGF2 est un facteur de croissance qui, combiné avec d'autres membres de la famille des EGF (EGF1, -3 ou -4), stimule la croissance des cellules cancéreuses (voir à la page 85).

Le trastuzumab est un médicament de type particulier connu sous le nom d'anticorps monoclonal, et cet anticorps se lie au EGF2 situé à la surface des cellules cancéreuses et l'empêche de se combiner avec d'autres membres du groupe EGF, stoppant ainsi l'activité des cellules cancéreuses.

Les femmes qui ont des cancers de type EGF2 positifs ont tendance à avoir un cancer qui se développe plus vite. Donner du trastuzumab après la chirurgie avec une chimiothérapie dans les cas de cancers précoces du sein réduit considérablement les risques de récidive du cancer (jusqu'à 50 %).

Le trastuzumab administré avant la chirurgie et combiné à une chimiothérapie est également très efficace pour faire rapetisser un volumineux cancer du sein EGF2 positif.

Il s'agit d'un traitement coûteux qui a été approuvé pour être administré en même temps ou après la chimiothérapie seulement. Le trastuzumab est habituellement administré durant un an après la chirurgie. Pour les femmes dont le cancer s'est propagé, mais est tenu en laisse par le trastuzumab, on continue d'administrer ce dernier tant que le cancer est contrôlé par celui-ci (pendant plus de cinq ans chez certaines patientes).

Effets indésirables

Le trastuzumab peut affecter le cœur surtout lorsqu'il est jumelé à une chimiothérapie aux anthracyclines (voir à la page 158). Pour cette raison, vous devrez passer des scanners du cœur avant et tout au long du traitement. Si le scanner montre que le fonctionnement du cœur est affecté, vous devrez peut-être cesser de prendre ce médicament pour un certain temps. Éventuellement, le cœur se rétablira et le traitement, qui consiste en 17 injections à un intervalle de 3 semaines entre chacune, pourra reprendre son cours.

Parfois, les patientes ont une réaction allergique au trastuzumab. Si tel est le cas, cette réaction aura lieu au tout début et elle est éminemment traitable. Après les quelques premières injections, vous pouvez habituellement recevoir le reste du traitement à la maison. Il existe très peu d'autres effets indésirables. Il s'agit d'une nouvelle génération de thérapies ciblées, très sécuritaires et efficaces.

Lapatanib

Le lapatanib est un nouveau médicament sous forme de comprimés qui est aussi très efficace pour contrer les cancers EGF2 positifs. Il peut prendre le relais lorsque le trastuzumab cesse de fonctionner. Des études en cours cherchent à trouver une façon de l'intégrer le plus efficacement possible aux programmes de traitement.

Pertuzumab

Le pertuzumab est un autre anticorps monoclonal qui cible l'EGF1, l'EGF2 et l'EGF3; il fait présentement l'objet d'essais cliniques.

Bisphosphonates

Les bisphosphonates sont des médicaments qui inhibent la résorption des os et qui sont utilisés dans le traitement de l'ostéoporose. Les premiers essais cliniques montraient que les femmes atteintes du cancer du sein qui prenaient des bisphosphonates après la chirurgie avaient des chances accrues de survie.

Des essais cliniques plus récents avec un nouveau médicament plus puissant, le zolédronate, administré par perfusion d'une durée de 15 minutes un peu plus qu'une fois par an, ont confirmé que ces médicaments amélioraient les chances de survie de façon significative. De nouvelles études ont été effectuées et les résultats devraient être disponibles sous peu.

Si les résultats de ces études sont concluants, il est donc probable que ces médicaments feront bientôt partie des traitements courants après la chirurgie pour certains groupes de femmes. La durée du traitement est toujours sous évaluation. Les bisphosphonates réduisent la perte de la masse osseuse associée à l'usage des inhibiteurs de l'aromatase. Les patientes prenant un inhibiteur de l'aromatase sont des candidates à la méthode DEXA (absorption biphotonique à rayons X) pour vérifier la densité de leurs os. Celles qui ont reçu un diagnostic d'ostéoporose et celles qui ont subi une importante perte de la masse osseuse sont de bonnes candidates à la thérapie aux bisphosphonates. Des bisphosphonates sous forme de comprimés sont disponibles, mais peuvent provoquer des brûlements d'estomac. Un effet indésirable majeur provoqué par l'usage des bisphosphonates est l'ostéonécrose de la mâchoire; c'est un phénomène très rare et qui se produit seulement chez les patientes qui ont des problèmes dentaires et dont l'os de la mâchoire est resté à découvert suite à une chirurgie dentaire ou une infection.

Immunothérapie

Depuis bon nombre d'années, les traitements contre le cancer vise à activer le système immunitaire de l'organisme pour qu'il détruise les cellules cancéreuses. Des médicaments sont présentement à l'essai et l'on cherche à développer des vaccins contre le cancer. Mais, jusqu'à maintenant, tous ces efforts pour stimuler le système immunitaire ne se sont pas avérés très efficaces.

Inhibiteurs PARP

Lorsqu'une cellule se divise pour former deux cellules, le matériel génétique de la cellule doit être copié.

L'organisme possède trois mécanismes pour vérifier que les cellules produites sont des copies parfaites. Les porteuses du gène BRCA1 et BRCA2 héritent d'un gène fautif pour l'un des trois mécanismes, soit du père, soit de la mère. Chaque cellule contient deux copies de chacun des gènes. Si la copie du gène BRCA1 ou BRCA2 devient anormale, le gène ne peut plus fonctionner.

Donc, si vos gènes BRCA1 ou BRCA2 sont fautifs, vous êtes beaucoup plus susceptible de produire une copie anormale chaque fois qu'une cellule mammaire se divise. Certains de ces défauts sont détectés, mais pas tous, ce qui provoque l'apparition d'un cancer du sein. Les cellules cancéreuses, lorsqu'elles se divisent, sont beaucoup plus susceptibles de mal copier et de produire des copies fautives, mais ces copies sont habituellement détectées par les mécanismes de vérification et réparées.

Dans le cas d'une femme ou d'un homme qui a un cancer et qui est porteur d'un gène BRCA1 ou BRCA2, l'inhibition de l'un ou l'autre des mécanismes de vérification fait en sorte que les cellules cancéreuses qui continuent à se diviser anormalement produisent tant de fautes qui ne sont plus réparées qu'elles en meurent. Les médicaments qui mettent l'un ou l'autre des mécanismes de vérification hors d'usage sont connus sous le nom d'inhibiteurs de PARP. Ces médicaments, très prometteurs pour les patients cancéreux, porteurs d'une mutation du gène BRCA1 ou BRCA2 ainsi que pour les femmes atteintes du cancer du sein triple négatif, font actuellement l'objet d'essais cliniques.

Autres nouveaux médicaments

Il existe une foule de nouveaux médicaments qui font l'objet d'essais cliniques (voir le chapitre suivant).

POINTS CLÉS

- Les traitements utilisés pour soigner le cancer du sein sont l'hormonothérapie, la chimiothérapie et les nouvelles thérapies biologiques.
- L'hormonothérapie vise la principale hormone femelle, l'estrogène, qui stimule la croissance des cellules cancéreuses dans la plupart des cancers du sein.
- Le tamoxifène pendant environ cinq ans est l'hormonothérapie la plus courante.

POINTS CLÉS (suite)

- Les inhibiteurs de l'aromatase s'emploient seuls ou à la suite d'un traitement au tamoxifène chez les femmes ménopausées aux prises avec un cancer du sein hormonodépendant.
- Les effets indésirables de l'hormonothérapie incluent les symptômes liés à la ménopause, de la fatigue et des douleurs articulaires.
- La chimiothérapie tue rapidement les cellules en croissance.
- Les traitements sont habituellement administrés en injectant six à huit doses ou cycles à chaque trois semaines.
- Les effets indésirables de la chimiothérapie incluent une résistance amoindrie aux infections, des nausées, la perte des cheveux et une grande fatigue.
- Le trastuzumab est efficace chez 15 à 20% des femmes dont le cancer est EGF2 positif.

Nouvelles avancées et essais cliniques

Trouvera-t-on une cure au cancer du sein ?

Dans la plupart des cliniques du sein, des recherches pour trouver de meilleures façons de soigner le cancer du sein sont menées sans relâche. Comme aucun des traitements actuels n'a réussi à guérir complètement toutes les patientes, ces cliniques sont continuellement à l'affût de nouvelles méthodes pour soigner le cancer du sein.

Essais cliniques

Une des façons de découvrir de nouveaux traitements est de procéder à des essais cliniques grâce auxquels de nouveaux médicaments sont testés sur les patients. Avant qu'un essai clinique d'un médicament donné puisse avoir lieu, il y a beaucoup de travail et de recherches préliminaires à faire.

Si les recherches préliminaires semblent indiquer que le nouveau traitement est meilleur que le traitement standard utilisé actuellement, les médecins feront des essais pour comparer le nouveau traitement avec les meilleurs traitements standards disponibles. C'est ce que l'on appelle un essai clinique contrôlé, et c'est la seule façon fiable de tester un nouveau traitement.

Habituellement, ces essais sont effectués dans plusieurs hôpitaux à travers le pays pour recruter suffisamment de patients. Pour s'assurer que les résultats ne soient pas biaisés, votre médecin et vous ignorerez si vous prenez le nouveau médicament ou le médicament standard.

Participer à un essai clinique

Dans les essais cliniques randomisés, certains patients reçoivent le meilleur traitement standard et les autres, le nouveau traitement.

Dans un tel essai, vous ne pouvez pas choisir votre traitement; un ordinateur vous assigne, de façon aléatoire, le traitement que vous recevrez. Cette méthode de randomisation prévoit qu'un nombre égal de patients recevra l'un ou l'autre des traitements et évite que les résultats soient biaisés.

Il sera possible de savoir, une fois les essais cliniques complétés, si le nouveau médicament est plus efficace que le médicament standard.

Il est important de savoir que ce ne sont pas tous les essais cliniques qui montrent la supériorité du nouveau médicament. Si vous participez à un essai clinique et que vous ne bénéficiez pas du nouveau traitement, ne soyez pas déçue. Si vous ne recevez pas le nouveau traitement, vous recevrez le meilleur traitement standard, celui que vous auriez eu si vous n'aviez pas fait partie de l'essai clinique.

Avant qu'il puisse avoir lieu, l'essai doit obtenir l'aval d'un comité d'éthique. Les patients doivent, avant de faire partie de l'essai, signer un formulaire de consentement. Ce consentement signifie que le patient sait sur quoi porte l'essai clinique, comprend la raison d'un tel essai et pourquoi il a été invité à y participer.

Essais cliniques

Phase 1
Un petit nombre de volontaires en santé, habituellement entre 10 et 12 personnes, sont sélectionnés pour la première partie de l'essai. Ces tests cherchent à démontrer que le médicament est sans danger.

↓

Phase 2
Les essais sont conçus pour voir si un nouveau médicament est efficace pour soigner un petit groupe de patients atteints de la maladie qui est testée. Entre 100 et 200 patients seront sélectionnés et suivis pour voir s'ils ont des effets secondaires légers ou graves.

↓

Phase 3
Le nombre de patients le plus élevé est sélectionné (peut-être entre 1 000 et 3 000) pour prendre le médicament sous supervision médicale pendant environ six mois. Les essais de la phase 3 ont habituellement lieu dans un hôpital ou une clinique et peuvent avoir lieu dans plus d'un pays.

Si les résultats sont satisfaisants, ils seront présentés pour approbation aux autorités concernées qui décideront d'autoriser ou non ce médicament.

Phase 4
Même lorsque les médicaments nouvellement autorisés sont lancés sur le marché, ils continuent de faire l'objet de tests et plusieurs milliers de patients aident à poursuivre les recherches. Les médecins cherchent à connaître comment le nouveau médicament sera utilisé dans des situations de tous les jours, lorsqu'un patient est à la maison ou au travail. Si le médicament a un effet indésirable très rare, par exemple, une réaction qui affectera une personne sur 50 000, il est très peu probable que ce genre d'effet indésirable soit découvert longtemps après la mise en marché du médicament en question.

Même après que les patients aient accepté de participer à l'essai clinique, ils peuvent se retirer à n'importe quelle étape s'ils le désirent. Et votre décision de participer ou de vous retirer des essais cliniques ne changera en rien vos traitements ou l'attitude de votre médecin à votre égard.

POINTS CLÉS

- En tout temps, des essais cliniques ont lieu pour essayer d'améliorer le pronostic du traitement du cancer du sein.
- Si l'on vous demande de participer à un de ces essais, quelle que soit votre décision, celle-ci ne changera en rien votre traitement ni l'attitude de votre médecin à votre égard.
- Si vous décidez de participer à un essai clinique, vous pouvez vous retirer à n'importe quel moment sans avoir à vous justifier.

Et si le cancer du sein réapparaissait ?

Types de récurrence

Il existe plusieurs façons de classer les cancers récurrents; la méthode la plus courante classe les cancers comme suit :

1 récurrence locale dans la région autour du sein et du creux axillaire;

2 récurrence ailleurs dans l'organisme, connue sous le nom de foyer secondaire ou métastase.

Récurrence locale

Si une récurrence locale se développait et que vous n'avez aucune pathologie ailleurs dans votre corps, il est habituellement envisageable de retirer chirurgicalement ce cancer. Si on opte pour la chirurgie, celle-ci sera combinée avec une radiothérapie et (ou), si vous n'avez pas suivi ce traitement au préalable, une modification de votre médication si vous suivez une hormonothérapie.

La radiothérapie sans la chirurgie est quelquefois utilisée pour certaines femmes qui n'ont pas eu de radiothérapie au préalable dans une région donnée.

La chimiothérapie ou les nouvelles thérapies biologiques peuvent être administrées avant ou après la chirurgie et (ou) la radiothérapie.

Le premier signe d'une récurrence locale est habituellement une bosse dans le sein ou dans la peau qui recouvre le sein, dans l'aisselle ou près de la cicatrice où vous avez eu votre chirurgie. Il est important, si vous constatez qu'une bosse ou une nodosité est apparue dans votre sein ou autour de votre cicatrice ou de l'aisselle, de la faire examiner par votre médecin.

Cancer métastatique du sein

Chez certaines femmes, les cellules cancéreuses se détachent du cancer du sein primaire et se propagent à d'autres parties du corps en formant ce que l'on appelle des métastases.

Ces cellules survivent parce qu'elles résistent à l'hormonothérapie adjuvante et à la chimiothérapie. Elles peuvent être en période de dormance pendant plusieurs années et même des décennies avant de recommencer à croître.

Chez quelques femmes, il y aura des signes que le cancer s'est répandu au moment où elles sont diagnostiquées pour la première fois. Ce fait sera évident à cause des anomalies visibles sur les radiographies ou les scanners. Les sites les plus courants où le cancer du sein est susceptible de se propager sont les os, le foie, les poumons et le cerveau.

Les traitements disponibles sont les suivants :

- hormonothérapie;
- chimiothérapie;
- radiothérapie;
- thérapie aux anticorps monoclonaux – trastuzumab (Herceptin).

Le meilleur traitement pour vous dépend des facteurs suivants :

- quelles sont les parties du corps affectées par le cancer du sein;
- si vous êtes ménopausée;
- le traitement que vous avez déjà reçu;
- votre âge et votre état de santé général;
- si les cellules cancéreuses possèdent des récepteurs hormonaux positifs;
- si les cellules cancéreuses sont de type EGF2 positif.

Le traitement que vous recevrez est celui qui est le plus susceptible de contrôler le cancer du sein et de causer le moins d'effets indésirables possible. Le but du traitement, dans le cas des cancers qui se sont propagés, est de contrôler le cancer le plus longtemps possible, de minimiser les symptômes et de prolonger la durée de vie. La plupart des traitements réussissent à réduire le cancer et à stopper sa croissance. Bien qu'une guérison soit peu probable, le contrôle de la maladie est habituellement possible.

Les médicaments utilisés pour le cancer précoce du sein s'emploient aussi pour le cancer qui s'est propagé. L'hormonothérapie, la chimiothérapie et les thérapies biologiques comme le trastuzumab font partie de ces médicaments. Chez certaines femmes, le cancer s'est propagé à une seule région bien spécifique alors que chez d'autres, le cancer s'est propagé à plusieurs sites. Il existe des traitements spécifiques pour les cancers qui se sont propagés aux os, aux poumons ou au cerveau.

Traitement des métastases

Métastases osseuses

Pour diagnostiquer des métastases osseuses, on se sert de radiographies, de scanners, de tomodensitogrammes et de tomographes à résonance magnétique.

Les os sont le site le plus courant où le cancer du sein se propage. Le symptôme principal est la douleur. Cette douleur est soulagée habituellement par une combinaison d'analgésiques et de radiothérapie.

Si les os sont particulièrement fragiles et susceptibles de se rompre ou si un os est déjà fracturé, la chirurgie peut s'avérer très précieuse pour solidifier, réparer ou remplacer l'os en question.

Les bisphosphonates sont un autre moyen efficace de traiter un cancer qui s'est propagé aux os. Les bisphosphonates sont des médicaments qui renforcent les os et empêchent les cellules cancéreuses de s'attaquer aux os. Ce médicament est administré par intraveineuse à quelques semaines d'intervalle. Des médicaments plus récents prennent environ 15 minutes à être administrés. Ils réduisent la douleur et renforcent les os, minimisant ainsi les risques de fracture.

Une des complications du cancer avancé du sein est la production excessive de calcium dans les os, une affection qui porte le nom d'hypercalcémie. Les symptômes de l'hypercalcémie comprennent les nausées, des douleurs abdominales, de la constipation, de la fatigue, de la confusion et de la somnolence.

Le meilleur traitement consiste à évacuer le calcium de l'organisme en installant un goutte-à-goutte contenant du liquide et des bisphosphonates.

Métastases au poumon

Ces métastases seront diagnostiquées suite à une radiographie ou un tomodensitogramme du thorax. Il y a deux types d'envahissement du poumon par le cancer du sein.

Surface du poumon

La forme la plus courante affecte la membrane qui tapisse la surface du poumon, connue sous le nom de plèvre pariétale, ce qui provoque une accumulation de liquide autour du poumon causant un essoufflement. C'est une effusion pleurale.

Un simple drainage suffit pour retirer le liquide, mais celui-ci a tendance à s'accumuler de nouveau. Le fait d'installer un drain entre les côtes et de le laisser en place pendant deux à trois jours permet de bien drainer le liquide et semble, chez certains patients, empêcher sa réapparition.

Les gens qui ont des effusions pleurales à répétition bénéficient d'une injection de talc ou d'un médicament utilisé en chimiothérapie, appelé bléomycine, dans l'espace entre la paroi thoracique et les poumons, dans la cavité où s'accumule le liquide. Ce médicament tend à faire adhérer les poumons à la paroi thoracique, empêchant ainsi l'accumulation de liquide à cet endroit.

Intérieur du poumon

Le poumon lui-même est atteint et les symptômes comprennent un essoufflement et (ou) de la toux. Les médicaments pour la toux sont souvent efficaces pour soigner ce dernier symptôme. Quant à l'essoufflement, dû à une maladie des poumons, la meilleure façon de le soigner est de changer de médication, de passer d'un médicament de chimiothérapie ou d'hormonothérapie à un autre.

Métastases au cerveau

Ces métastases sont diagnostiquées au moyen de tomodensitogrammes et de tomographes à résonance magnétique. Les symptômes de métastases au cerveau comprennent des nausées, des vomissements, de la fatigue, de la faiblesse, un manque d'équilibre, une vision double et des convulsions. Certaines femmes auront des migraines qui sont pires le matin, mais la plupart des femmes atteintes du cancer du sein qui ont des migraines n'ont pas de métastases au cerveau.

Le traitement initial est celui aux stéroïdes qui diminue l'enflure du cerveau et minimise les symptômes. Ce traitement est habituellement suivi d'une radiothérapie.

Quand la guérison n'est pas possible

Il est impossible d'arrêter complètement le cancer; il est toutefois presque toujours possible de contrôler les symptômes tels que la douleur et les nausées. La plupart des hôpitaux ont une équipe spécialisée en soins palliatifs qui peuvent conseiller votre médecin de famille ou le département d'oncologie au sujet de l'usage optimal des médicaments qui pourront vous aider.

Ces médicaments comprendront probablement des analgésiques et des médicaments pour combattre les nausées et la diarrhée. On pourra aussi vous donner des conseils en ce qui a trait à votre manque d'appétit, consécutif à la maladie et aux traitements.

Faire face au cancer du sein récurrent ou métastatique

Plusieurs femmes trouvent plus difficile de faire face à un cancer qui récidive (cancer du sein secondaire) qu'à un premier diagnostic de cancer du sein. Après avoir été bien portante pendant si longtemps, il est pénible d'avoir à subir à nouveau des traitements qui peuvent être désagréables.

Vous aurez besoin du soutien de vos amis et de votre famille pour passer à travers ces moments difficiles. Vous pouvez aussi rechercher le soutien de votre chirurgien, oncologue, infirmière, médecin de famille et plusieurs groupes d'entraide. Certaines patientes reçoivent l'aide et le soutien des infirmières visiteuses.

POINTS CLÉS

- Le cancer du sein peut revenir dans la région du sein (de la poitrine) et de l'aisselle (récurrence locale) ou ailleurs dans l'organisme (cancer métastatique ou cancer du sein secondaire).
- Les sites les plus communs où se propage le cancer du sein sont les os, le foie, les poumons et le cerveau.
- Lorsque la guérison n'est plus possible, une variété de traitements est disponible pour empêcher la douleur et minimiser les symptômes du cancer.
- Des traitements similaires utilisés pour soigner le cancer précoce du sein sont employés dans le cas des cancers métastatiques.
- Il existe des traitements spécifiques qui sont efficaces pour contrôler les maladies des os, des poumons et du cerveau.

Reconstruction

Reconstruction du sein

Qu'est-ce que la reconstruction du sein ?

La reconstruction du sein est une opération visant à recréer la forme du sein qui a été retiré par mastectomie (ablation complète du sein) ou par tumorectomie (ablation partielle du sein).

Le but de la reconstruction est de restaurer la forme du sein manquant et de le rendre le plus conforme possible à l'autre sein. Il existe plusieurs méthodes pour ce faire et le type d'intervention chirurgicale que vous aurez dépend des facteurs suivants :

- le type de maladie qui a affecté votre sein;
- l'intervention que vous avez subie, une mastectomie ou une tumorectomie;
- si vous avez déjà eu une radiothérapie ou si vous devez en recevoir une après l'opération;
- votre état de santé général;
- vos choix et préférences.

Tout comme il est possible de reconstruire le sein, il est aussi possible de reconstruire le mamelon et la région qui l'entoure et que l'on appelle l'aréole.

Il est important de savoir que, même si votre sein reconstruit s'harmonise avec la forme de l'autre sein, vous n'aurez jamais la même sensibilité qu'avant. Il en va de même pour le mamelon reconstruit.

Pourquoi les femmes choisissent-elles la reconstruction ?

Il existe des avantages à la reconstruction ainsi que certains risques. Voici les avantages :

- vous aurez une plus grande liberté pour choisir vos vêtements car, si vous avez eu une mastectomie suivie immédiatement d'une reconstruction du sein, vous n'aurez probablement pas à vous soucier d'acheter de nouveaux soutiens-gorge ou de renouveler votre garde-robe;
- vous n'aurez pas à porter de prothèse;
- les femmes qui ont eu une reconstruction du sein disent se sentir plus sûres d'elles et de leur féminité que celles qui n'en ont pas eu.

Problèmes liés à la reconstruction

Même si la forme de votre sein a été recréée, le sein reconstruit n'aura jamais la même sensibilité qu'un sein normal; un sein reconstruit est souvent un peu plus haut et un peu plus ferme que l'autre sein.

La reconstruction du sein ne se fait habituellement pas en une opération. Pour avoir une bonne correspondance entre les deux seins, il est nécessaire d'avoir deux ou trois interventions chirurgicales. Ce qui peut impliquer de réduire ou d'augmenter la grosseur de l'autre sein, de le placer plus haut ou plus bas.

Une seconde chirurgie sera peut-être nécessaire pour faire quelques retouches au sein reconstruit afin d'améliorer sa forme, son volume et sa symétrie.

Il n'existe aucune preuve que la reconstruction mammaire augmente le risque de récidive et elle ne rend pas la détection d'un cancer récurrent plus compliquée.

Si vous êtes intéressée par la reconstruction de votre sein, discutez-en avec votre médecin. Si l'on vous dit que vous avez besoin d'une mastectomie, on devrait vous offrir la possibilité d'une reconstruction du sein dès que vous serez suffisamment en forme.

Votre chirurgien pourrait vous indiquer qu'il vaut mieux attendre 6 à 12 mois après la mastectomie pour la reconstruction de votre sein. À cause peut-être du fait que vous devez recevoir une radiothérapie après votre mastectomie ou parce que la peau de votre sein est altérée par le cancer et qu'elle devra être d'abord retirée, ce qui rend la reconstruction plus problématique à court terme.

Le moment idéal pour la reconstruction du sein

Dans plusieurs pays, la reconstruction du sein est pratiquée le plus souvent en même temps que la chirurgie initiale. Si vous avez eu une mastectomie, le sein complet peut être reconstruit. Si une grande partie du sein a été enlevée, cette partie du sein peut être remplacée par du tissu musculaire prélevé ailleurs sur votre corps.

Si vous avez eu une mastectomie par le passé, vous êtes peut-être candidate pour la reconstruction du sein. C'est ce que l'on appelle une reconstruction différée. De plus, si vous avez eu une tumorectomie, mais que le sein traité ne s'harmonise pas avec l'autre sein, parce qu'il est plus petit, d'une forme anormale, il est possible de faire une reconstruction partielle et de remodeler le sein traité pour qu'il ressemble à l'autre.

Si vous avez une reconstruction en même temps que la mastectomie, il se peut que la chirurgie soit plus longue à organiser qu'une mastectomie classique. Ceci ne devrait pas vous dissuader de le faire parce qu'un retard d'une ou deux semaines ne changera rien à votre pronostic.

Si un tel retard se concrétise, demandez à votre chirurgien si vous ne devriez pas entreprendre une thérapie médicamenteuse avant la chirurgie. Si votre cancer est hormonodépendant et que vous êtes une femme préménopausée, il vous prescrira sans doute du tamoxifène ou un médicament comme le létrozole (voir à la page 147). Prendre ces médicaments avant la chirurgie aide à contrôler le cancer et même à en réduire le volume.

Où pratique-t-on la reconstruction du sein ?

La plupart des cliniques du sein offrent la reconstruction du sein immédiate. Cette chirurgie est effectuée soit par un chirurgien, spécialiste du sein, aussi formé à la chirurgie oncoplastique ou par deux chirurgiens; l'opération visant à retirer le sein est effectuée par le premier et la chirurgie reconstructrice, par le second.

Si vous devez avoir une chirurgie reconstructrice du sein, il est important de demander à votre chirurgien et à votre infirmière en soins mammaires de vous montrer des photos des résultats auxquels vous pouvez vous attendre. Vous pouvez aussi demander les coordonnées d'une patiente qui a déjà subi cette opération afin de recueillir son témoignage.

Quels sont les types de reconstruction ?

Il y a trois méthodes de reconstruction du sein :

1 L'emploi d'un implant.

2 Le prélèvement de tissus des fesses ou de l'abdomen. Ces tissus ou lambeaux pédiculés restent attachés à leur réseau vasculaire. Le muscle, en provenance des fesses ou de l'abdomen, ainsi que les tissus mous qui le recouvrent sont greffés avec ou sans implant pour la reconstruction du sein.

3 Le tissu prélevé de l'abdomen ou de la région fessière est détaché de son réseau vasculaire et transféré, puis attaché à un nouveau réseau vasculaire dans le creux de l'aisselle ou sous la cage thoracique pour créer un nouveau sein. Ces techniques sont connues sous le nom de lambeaux libres et requièrent une microchirurgie. Seuls les chirurgiens plasticiens spécialisés la pratiquent.

Implants mammaires

Les implants mammaires sont employés depuis bon nombre d'années. La plupart des implants sont constitués d'une coquille en silicone remplie de silicone liquide, bien que ces implants puissent être remplis d'une solution saline.

Bien qu'au départ les implants salins semblent plus intéressants que les implants en silicone, ils ne donnent pas l'impression d'être naturels et les résultats sont beaucoup moins réalistes que ceux obtenus avec les implants en silicone. Les implants salins sont aussi plus susceptibles de couler, de se friper et d'entraver la lecture des mammographies. Pour cette raison, la plupart des chirurgiens n'utilisent pas les implants salins.

Les implants en silicone sont essentiellement des sacs de gel de silicone enchâssés dans une mince coquille de silicone caoutchoutée. On utilise le silicone parce que c'est un matériau souple et doux qui rappelle la texture du sein naturel.

Les premiers implants

Les implants ont évolué au fil des ans. Au début, les implants avaient une épaisse coquille en silicone et contenaient un silicone visqueux. Ils n'avaient pas le mœlleux du sein naturel.

Ils ont rapidement été remplacés par la seconde génération d'implants qui contenaient un silicone plus liquide dans une poche beaucoup plus mince. La coquille de ces implants de seconde génération avait tendance à s'user avec le temps (de 10 à 20 ans plus tard), provoquant des fuites de silicone.

L'usage de ces implants de seconde génération a été la source de controverses et de problèmes importants.

Implants modernes

Les implants de silicone utilisés de nos jours ont une surface extérieure texturée qui les empêche de se déplacer et cette coquille est passablement plus épaisse que celle des implants de la seconde génération.

Le gel de silicone qui est actuellement utilisé est souvent du gel solide plutôt que liquide. Ce qui veut dire que si l'on coupe l'implant en deux, les deux parties restent entières et ne coulent pas.

Injections de silicone

Les pires complications rapportées avec le silicone ne touchent pas les implants, mais les injections, chez certaines femmes, de silicone liquide dans les seins. Les injections de silicone dans les seins sont maintenant interdites.

L'innocuité des implants

Bien que les implants en silicone aient eu la réputation de causer plusieurs problèmes de santé, toutes les recherches menées jusqu'ici n'ont pas réussi à montrer qu'il existait un lien entre ces implants et l'apparition d'une maladie quelconque.

Les implants en silicone ont été bannis pendant de nombreuses années aux États-Unis, mais ils sont de nouveau permis.

Quelle est la durée d'un implant en silicone ?

La durée de vie moyenne d'un implant de la seconde génération est de 15 ans; entre-temps déjà, la moitié des implants ont fui ou se sont déchirés.

Les nouveaux implants qui sont actuellement en usage dureront assurément plus longtemps. On estime leur durée de vie à 20 à 25 ans.

Que se passera-t-il si mon implant se met à couler ?

Advenant qu'un implant coule, il est très rare que le silicone réussisse à passer à travers la capsule que forme le corps tout autour. Si on soupçonne qu'un implant s'est déchiré, à cause d'un changement de la forme du sein ou parce qu'une mammographie indique une fuite possible, on peut le vérifier à l'aide d'une échographie ou d'une imagerie par résonance magnétique (IRM). L'organisme réagit souvent à la fuite de silicone en formant des bosses qui peuvent être douloureuses.

Si l'IRM montre que l'implant s'est déchiré, mais qu'il n'y a pas de fuite de silicone à l'extérieur de la capsule, on retire habituellement l'implant et le silicone avant de remettre un nouvel implant (ce qui n'est pas une nécessité absolue).

En retirant l'implant, on retire également la capsule qui l'enserre afin de s'assurer qu'aucun résidu de silicone ne demeure dans l'organisme.

La reconstruction du sein au moyen de la seule utilisation de l'implant

Lorsque la technique des implants s'est imposée, il était courant après une mastectomie de se servir d'un implant pour tenter de faire une reconstruction immédiate du sein.

L'implant était inséré soit sous la peau, soit sous le muscle de la paroi thoracique à côté des côtes.

Malheureusement, la reconstitution au moyen d'un implant seulement convient aux femmes qui ont de petits seins seulement et le résultat final de ce type de reconstruction n'est pas aussi bon que la technique qui utilise la peau et le muscle du dos ou de l'abdomen.

La cicatrice produite par ce type de reconstruction s'étend habituellement d'un côté à l'autre ou, si le mamelon est conservé, en dessous de celui-ci.

Reconstruction mammaire par expansion tissulaire

Une fois qu'une partie de la peau recouvrant le sein est enlevée, il est difficile de refaire un sein qui soit semblable à l'autre, à moins que la peau restante ne soit étirée.

Pour ce faire, on insère un ballon gonflable sous le muscle de la paroi thoracique. Le ballon est rattaché par un tube à une chambre d'injection située sous la peau en dessous ou à côté du ballon gonflable; cette chambre d'injection est parfois intégrée au ballon gonflable.

On se sert d'une chambre d'injection afin de remplir et d'étirer la peau et le muscle de la paroi thoracique. Pour permettre une plus grande expansion du muscle, il est possible de coudre une couche de tissu qui est un greffon dermique acellulaire dérivé de peau humaine ou de cochon. Ceci donne une meilleure expansion de la partie inférieure du sein, là où nécessaire.

Implants mammaires

Les implants mammaires sont faits d'une couche extérieure de silicone dont la partie intérieure est remplie soit d'une solution saline, soit d'un gel de silicone. Le silicone et la solution saline se sont montrés jusqu'ici efficaces et fiables. La couche extérieure est faite d'élastomère silicone, un matériau semblable au caoutchouc, qui réduit les risques de fuite.

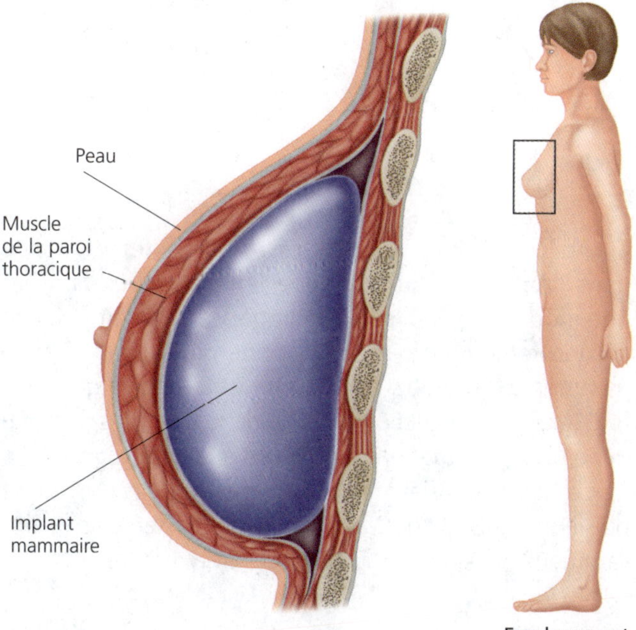

Reconstruction par expansion tissulaire

Après une chirurgie du sein, la patiente peut choisir d'avoir une chirurgie reconstructrice. L'une des options consiste à insérer un ballon gonflable sous la peau et le muscle de la paroi thoracique. En y injectant une solution saline au cours des mois qui suivent, le ballon gonfle et la peau s'étire.

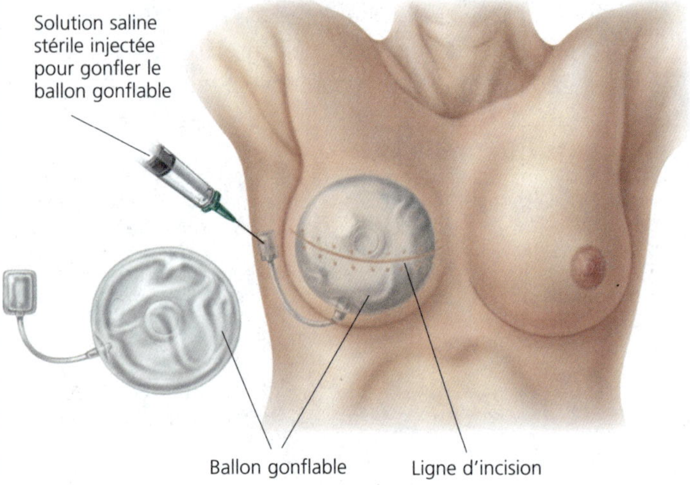

Au cours des mois suivants, on injecte du liquide dans l'implant, ce qui provoque l'étirement des tissus, et une nouvelle peau se développe de la même façon qu'une femme enceinte développe de la peau supplémentaire sur son abdomen au fur et à mesure que l'enfant grandit. L'injection de liquide cause une certaine gêne, mais la situation revient vite à la normale.

Le ballon gonflable en silicone est en place pendant plusieurs mois, jusqu'à ce que les tissus se soient suffisamment étirés pour s'harmoniser avec l'autre sein.

Reconstruction au moyen de greffon dermique

1. Un ballon gonflable est inséré sous le muscle de la paroi thoracique pour remplir et étirer la peau et le muscle en question. Pour que l'expansion se fasse plus rapidement, il est possible de coudre une couche de peau provenant d'un donneur humain ou d'un porc. Alloderme® est de la peau humaine qui a été traitée en vue d'éliminer le risque de rejet ou d'infection tandis que Permacol® et Strattice® sont des greffons d'origine porcine.

L'avantage du Alloderme, du Permacol ou du Strattice est de fournir un soutien à l'implant en l'empêchant de tomber vers le bas ou de passer à travers la peau.

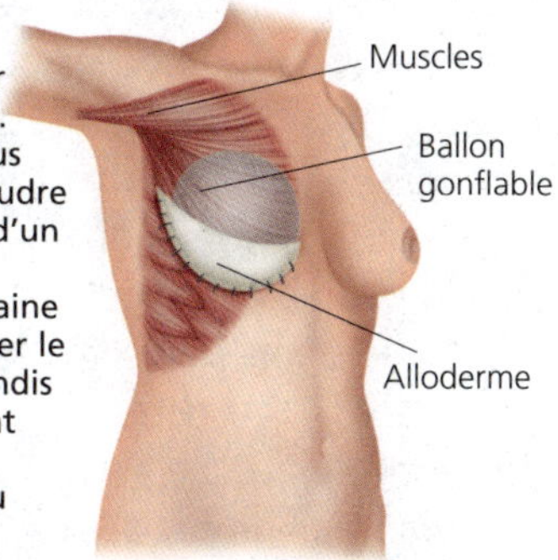

2. Le ballon gonflable en silicone est laissé en place pendant plusieurs mois jusqu'à ce que les tissus se soient suffisamment étirés pour reproduire la forme de l'autre sein. Puis, une seconde opération sera effectuée pour retirer le ballon gonflable qui sera remplacé par un implant permanent.

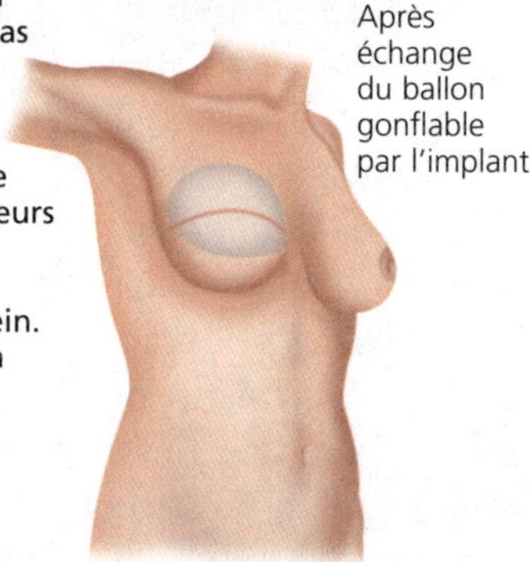

3. Apparence finale avec mamelon.

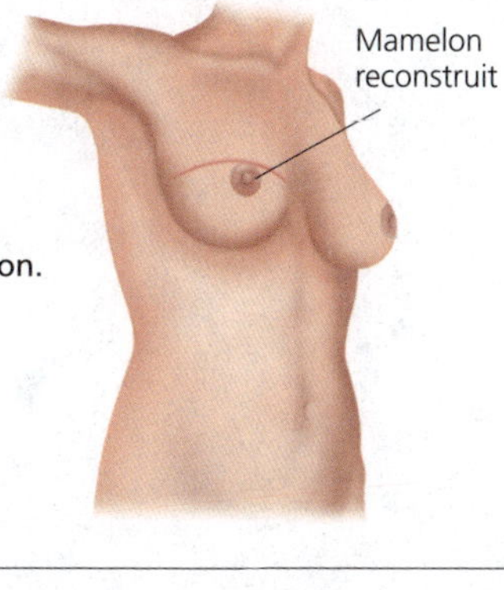

Puis, au cours d'une seconde intervention chirurgicale, on retire le ballon gonflable pour le remplacer par un implant permanent.

Certains de ces ballons gonflables ont deux compartiments. Le compartiment extérieur est rempli de gel de silicone et le compartiment intérieur, de solution saline. Ces dispositifs sont gonflés à pleine capacité pendant plusieurs semaines, plus que le volume souhaité, puis un peu de solution saline est retirée par la valve pour en arriver à une reconstruction du sein qui s'harmonise le plus possible avec le sein naturel.

L'avantage de ces dispositifs, appelés prothèses d'expansion de Becker, est qu'ils peuvent être portés de façon permanente. Tout ce que le chirurgien a à faire est de retirer le tuyau d'approvisionnement qui relie la chambre d'injection à l'implant.

L'usage des implants ou de prothèses d'expansion ne convient habituellement pas aux personnes qui ont subi une radiothérapie. La radiothérapie endommage la peau et empêche celle-ci de s'étirer facilement. Les femmes qui ont reçu une radiothérapie devront opter pour une reconstitution du sein qui utilise la peau, le muscle et le gras en provenance d'une autre partie du corps. Avec la reconstruction mammaire par expansion tissulaire, il est parfois possible d'obtenir de bons résultats, même après une radiothérapie.

Reconstruction du sein par lambeaux de muscle et de peau

Avec ce type de reconstruction, on utilise le muscle, la peau et les tissus adipeux sous-jacents de diverses parties du corps et les transfère dans la région du sein pour créer une forme de sein adéquate. Ce type de chirurgie porte le nom de chirurgie à lambeau.

Les tissus le plus souvent utilisés proviennent de la région du dos ou de l'abdomen – des régions qui contiennent de larges muscles, pouvant fournir assez de peau, de gras et de muscle avec un bon réseau vasculaire pour faciliter le remodelage du sein. Le grand muscle du dos est appelé le grand dorsal et le muscle de l'abdomen, le grand droit de l'abdomen.

Les reconstructions mammaires par lambeaux sont aujourd'hui le type de reconstruction le plus utilisé. Ces lambeaux peuvent servir à créer des seins plus volumineux et conviennent particulièrement aux femmes qui ont eu une radiothérapie. Ce type de reconstruction prend plusieurs heures à effectuer et requiert une hospitalisation de cinq jours et plus.

Lambeau du grand dorsal avec implant

Il s'agit d'un muscle large et épais directement sous la peau de part et d'autre de votre colonne vertébrale portant le nom de grand dorsal. Le muscle dont on se sert pour reconstruire le sein se prélève du même côté que le sein qui a été retiré (c'est-à-dire le muscle et la peau du côté droit pour une mastectomie du sein droit).

Il y a plusieurs couches de muscles dans le dos et, bien que le retrait d'un muscle puisse causer une certaine faiblesse, les autres muscles compensent en général pour cette perte; vous ne remarquerez pas de différence dans votre vie de tous les jours.

Reconstruction en utilisant le muscle et la peau du dos

1. Cette opération implique le prélèvement d'un large muscle (le grand dorsal), de peau et de tissus adipeux sous-cutanés de votre dos.

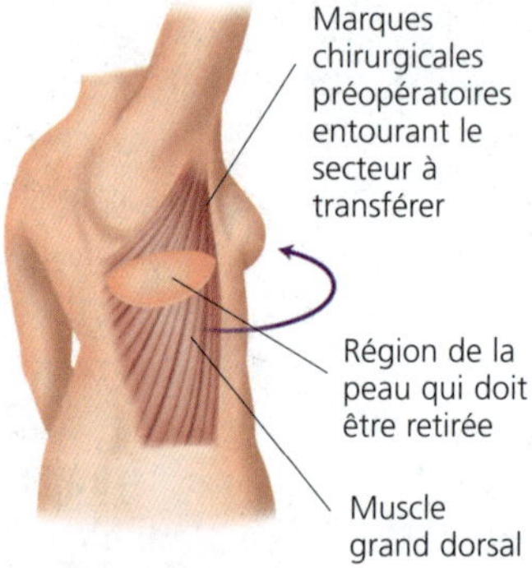

2. Le lambeau et son réseau vasculaire sont insérés sous la peau, juste en dessous de l'aisselle. On le place ensuite de façon à former un nouveau sein.

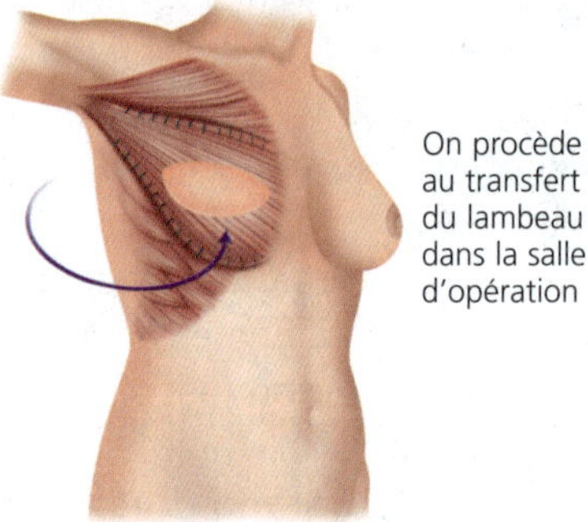

3. Aspect final avec la reconstruction du mamelon.

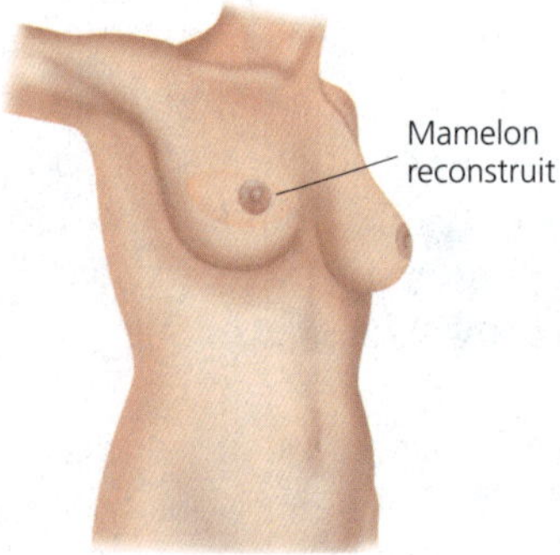

Habituellement, la quantité de peau prélevée dans le dos dépasse la quantité de peau retirée lors de la mastectomie et permet donc de produire plus facilement un sein d'une taille et d'une forme qui se rapprochent du sein naturel.

Il n'est pas toujours possible de prélever suffisamment de tissus dans le dos pour remplir le sein entier, il est donc courant d'insérer sous le muscle un petit implant pour harmoniser l'aspect du sein reconstruit avec le sein naturel.

Ce type d'intervention laisse des cicatrices dans le dos et sur le sein reconstruit. La cicatrice du dos est habituellement placée sous la bretelle du soutien-gorge, de telle sorte qu'on ne la voit pas. Certains chirurgiens préfèrent laisser une cicatrice en diagonale, ce qui est plus difficile à camoufler, mais ces cicatrices sont habituellement couvertes par des vêtements comme les maillots de bain.

L'avantage d'une cicatrice en diagonale est qu'elle donne plus de peau. La cicatrice sur le sein peut être minime si la reconstruction est faite en même temps que la mastectomie parce que l'on aura pu sauver de la peau de la mastectomie, mais si la reconstruction a lieu quelques mois plus tard, il faudra avoir recours à d'autres sources pour avoir suffisamment de peau pour créer un sein avec une forme satisfaisante.

Tissu du bas ventre

Avec cette technique, on utilise le grand droit abdominal, c'est ce que l'on appelle la reconstruction par lambeau de grand droit abdominal (TRAM). On utilise le muscle sous-jacent et la peau qui le recouvre provenant de la partie du bas de l'abdomen pour reconstruire le sein.

Reconstruction mammaire par lambeau pédiculé (TRAM)

Ce type d'opération est appelé lambeau pédiculé (TRAM) parce qu'on utilise le grand droit abdominal. Cette reconstruction se fait soit par lambeau pédiculé (ce qui signifie que le tissu musculo-cutané est transféré à la région mammaire sans couper le réseau vasculaire), soit par lambeau libre (les tissus sont coupés de leur réseau vasculaire pour être ensuite rattachés à celui de la région mammaire).

1. Un lambeau de gras et d'un peu de muscle avec ses vaisseaux sanguins ainsi que la peau qui recouvre le tout est prélevé de l'abdomen.

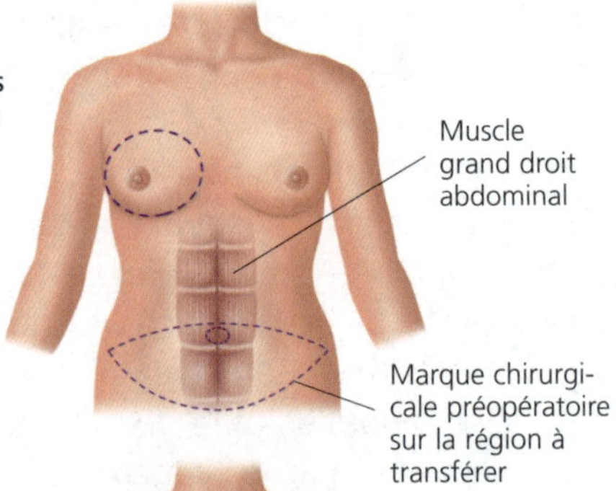

2. Le lambeau est ensuite ramené vers le haut, puis fixé à la paroi thoracique pour créer la forme d'un sein.

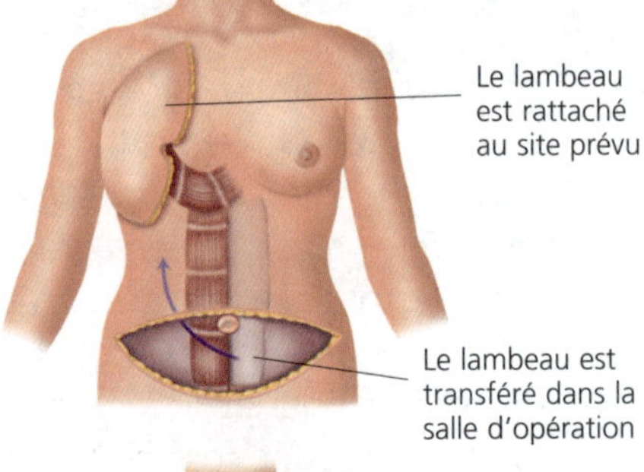

3. Aspect final avec la reconstruction du mamelon. Cette méthode donne habituellement assez de tissus pour s'harmoniser avec l'autre sein sans avoir besoin d'un implant.

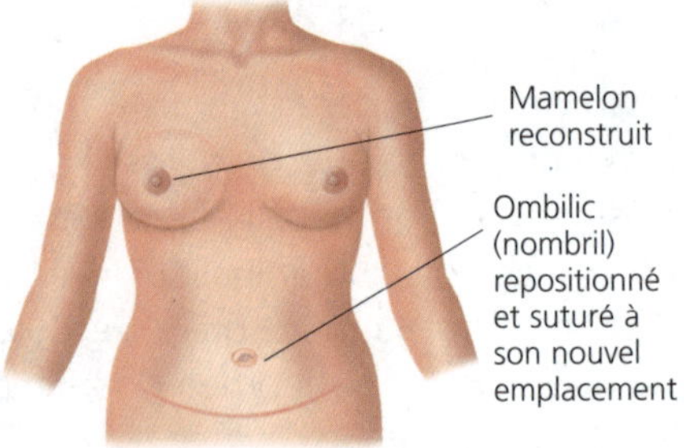

Reconstruction mammaire par lambeau libre (TRAM)

Ici aussi le grand droit abdominal est utilisé, mais cette fois on le détache complètement du corps et on le rattache à un nouveau réseau vasculaire dans la région mammaire – c'est ce que l'on appelle un lambeau libre.

1. Un lambeau de gras et de muscle avec la peau qui les recouvre est retiré chirurgicalement de l'abdomen.

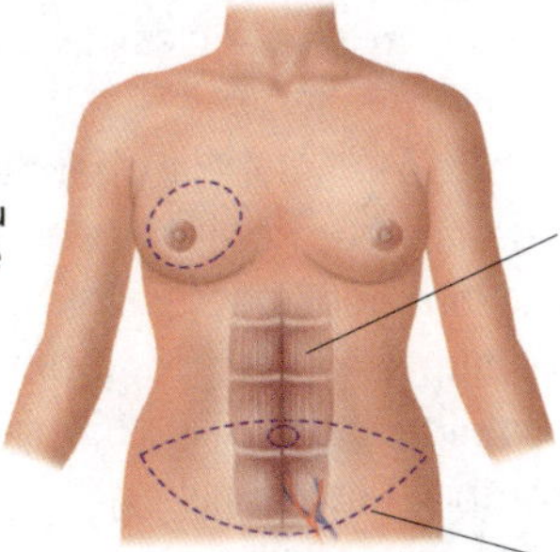

2. Le lambeau est ensuite rattaché à la paroi thoracique pour créer la forme d'un sein et est raccordé à un nouveau réseau vasculaire dans la région mammaire.

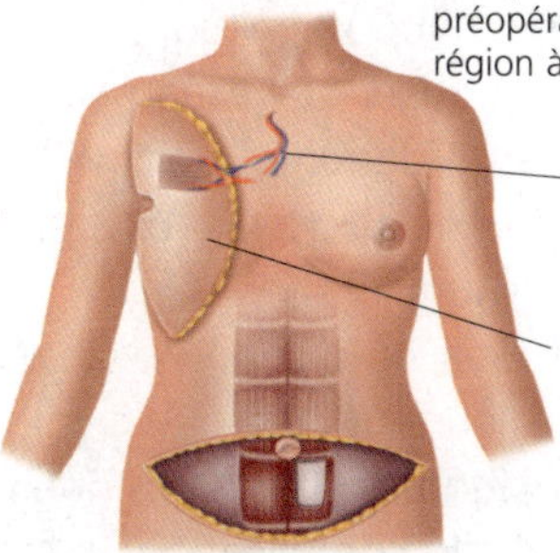

3. Aspect final du sein avec la reconstruction du mamelon.

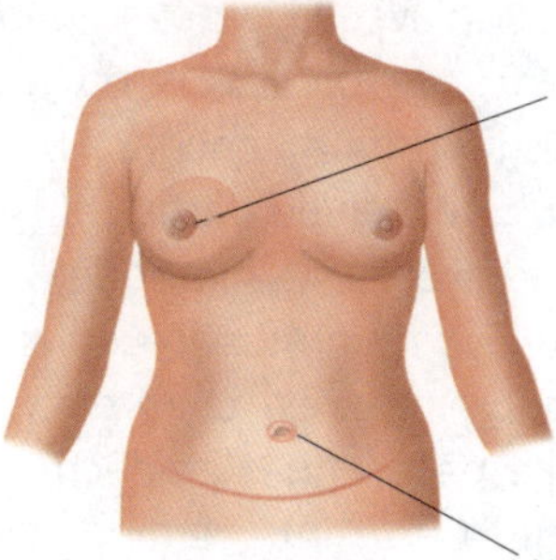

On procède alors à la rotation et à l'insertion vers le haut du lambeau, toujours rattaché au corps; c'est ce qu'on appelle un lambeau pédiculé.

On peut également le détacher complètement du corps et le rattacher à un nouveau réseau vasculaire dans la région du sein – c'est ce qu'on appelle un lambeau libre.

Les lambeaux TRAM sont habituellement assez volumineux pour s'harmoniser avec l'autre sein et un implant est rarement nécessaire. La cicatrice sur l'abdomen est la plupart du temps horizontale et juste en dessous de la ligne du bikini. Durant l'intervention, le nombril (ombilic) est remis en place.

Dans un lambeau libre, la peau et le gras de la région du bas de l'abdomen sont utilisés, mais on prélève moins de muscle. Le réseau vasculaire qui alimente le lambeau est identifié, nettoyé, puis sectionné avant d'être rattaché aux vaisseaux sanguins dans l'aisselle ou sous le sternum.

En général, le réseau vasculaire d'un lambeau libre est de meilleure qualité que celui d'un lambeau pédiculé. Ce qui signifie qu'une fois que les plaies sont guéries, il y a moins de complications à long terme avec le lambeau libre qu'avec le lambeau pédiculé.

Toutefois, le processus de rattachement des vaisseaux sanguins d'un lambeau libre ne va pas de soi et le risque qu'une grande partie du lambeau se nécrose est plus grand avec cette méthode.

En prélevant un muscle de l'abdomen, on affaiblit la paroi abdominale. Le chirurgien placera un filet pour remplir l'espace afin d'empêcher qu'une hernie ne se développe. Cette intervention n'est pas toujours couronnée de succès et certaines femmes se plaignent d'avoir une sangle abdominale affaiblie.

Autres lambeaux

Il est possible de reconstruire le sein en utilisant du gras et de la peau provenant du bas de l'abdomen sans toucher au muscle du grand droit abdominal. Le chirurgien prélève la peau ainsi que les vaisseaux sanguins qui traversent le muscle sans l'endommager. Cette opération prend beaucoup de temps à effectuer et est assez complexe sur le plan technique. Les vaisseaux sanguins prélevés portent le nom de vaisseaux épigastriques inférieurs profonds ou lambeau DIEP.

Il est possible de prélever de la peau et du gras de la région fessière pour reconstruire le sein. C'est une procédure inhabituelle qui ne sert que dans les cas où les autres procédures par lambeau sont contre-indiquées.

Tumorectomie et reconstruction immédiate du sein

Les cancers étendus sont généralement traités par la mastectomie, mais il est parfois possible de retirer des cancers volumineux au moyen de la tumorectomie et de procéder immédiatement à la reconstruction du sein à l'aide de tissus prélevés ailleurs sur le corps. La plupart du temps, le chirurgien utilisera la peau et le muscle du dos, le grand dorsal. C'est ce qu'on appelle la reconstruction mammaire par lambeau du grand dorsal.

La pose d'un lambeau peut se faire en même temps qu'on retire le cancer. Une autre option est de retirer le cancer puis, quelques jours plus tard, de remplir l'espace libre par un lambeau.

Il y a d'autres lambeaux de tissus et de muscles qui peuvent être utilisés, il suffit que le lambeau ait une artère assez importante pour assurer sa survie après son transfert au sein. Si vous devez avoir une reconstruction du sein par lambeau, votre médecin en discutera plus en détail avec vous.

Reconstruction mammaire chez les femmes qui ont eu une tumorectomie et une radiothérapie

Une femme sur cinq qui a eu une chirurgie conservatrice du sein constate que le sein traité est plus petit que l'autre. Dans cette situation, il est possible de grossir le sein traité ou de diminuer le sein normal. Dans l'un ou l'autre des cas, les résultats sont excellents.

Réduire les deux seins lors d'une tumorectomie

Certaines femmes atteintes du cancer qui ont des seins volumineux opteront non seulement pour une chirurgie visant à retirer le cancer, mais aussi, en même temps, à réduire le volume des deux seins (mammoplastie thérapeutique).

Cette approche, en permettant de retirer de grands volumes de tissus mammaires, permet d'exciser le cancer ou un précancer CCIS tout en produisant des résultats cosmétiques satisfaisants. Cette chirurgie se pratique dans les centres hospitaliers plus importants et est souvent effectuée par deux chirurgiens, un spécialiste du sein et un chirurgien plasticien. La grande majorité des patientes sont satisfaites des résultats, elles sont heureuses que leur cancer ait été retiré et que leur seins soient plus petits et un peu plus haut qu'avant la chirurgie.

Chirurgie visant l'autre sein

Si vous devez avoir une reconstruction mammaire, le chirurgien qui vous opérera s'efforcera d'harmoniser la forme du sein reconstruit avec celle du sein normal. Mais ce n'est pas toujours possible et il se peut que l'on vous suggère d'avoir une intervention sur le sein normal pour que ce dernier s'harmonise avec le sein reconstruit.

Il se pourrait qu'il faille réduire la taille du sein normal ou le remonter pour diminuer son affaissement. Oui, ce type de chirurgie laisse des cicatrices, mais celles-ci s'effacent avec le temps, et c'est peut-être la seule façon d'obtenir une certaine symétrie entre les deux seins.

Avoir des attentes réalistes face à la reconstruction mammaire

Tous les efforts seront faits pour obtenir les meilleurs résultats possible, mais il se peut que les résultats ne soient pas tout à fait à la hauteur des attentes. Il se peut que vous trouviez que le sein reconstruit n'a pas le même galbe que l'autre.

Si la forme de votre sein reconstruit diffère de façon importante de votre sein normal, vous pourriez envisager de porter une prothèse par-dessus le sein reconstruit.

Si vous êtes malheureuse à propos de votre sein reconstruit, discutez-en avec votre chirurgien. Si vous n'obtenez pas toutes les réponses à vos questions ou si vous vous sentez toujours malheureuse, vous pouvez demander une seconde opinion médicale.

Même si vous avez eu une reconstruction mammaire par lambeau, vous pouvez toujours avoir une radiothérapie ou une chimiothérapie. Si vous avez un implant et que vous devez suivre une radiothérapie, il y a de fortes chances que vous contractiez un resserrement autour de l'implant.

Ce resserrement porte le nom de contracture capsulaire et ce phénomène survient parfois même chez les femmes qui n'ont pas suivi de radiothérapie. Lorsqu'un corps étranger comme un implant est inséré dans l'organisme, ce dernier se défend en développant du tissu fibreux autour de ce corps étranger.

Au bout de quelques mois, ce tissu fibreux peut se contracter de façon très marquée chez certaines femmes, au point de changer la forme et la texture du sein.

Environ 5 à 10% des femmes développent une contracture capsulaire marquée. Pour remédier à la situation, il faut retirer l'implant et enlever la capsule fibreuse qui l'entoure.

Le même implant ou un nouveau est ensuite mis en place. Cela suffit généralement à améliorer la forme du sein, la capsule fibreuse ne se reformant habituellement pas deux fois.

Lipo-injection

La lipo-injection est une nouvelle procédure développée à partir des techniques de liposuccion. On s'en sert pour remplir les creux et défauts dans le sein ou pour lui donner du volume. On prélève du gras d'une autre partie du corps, de l'intérieur de la cuisse ou de l'abdomen par exemple, et on l'injecte avec soin dans le sein. La procédure peut se faire en deux ou trois étapes sous anesthésie générale, bien qu'il soit possible de l'effectuer sous anesthésie locale.

Reconstruction du mamelon

Il est souvent nécessaire, mais pas toujours, de retirer le mamelon durant la mastectomie. Généralement, la reconstruction du mamelon a lieu quelques mois plus tard, après la reconstruction du sein afin que sa reconstruction s'harmonise avec l'autre mamelon.

Chez les patientes auxquelles on a retiré les deux seins, il est souvent possible de conserver l'un des mamelons et de le diviser en deux pour en faire deux petits mamelons que l'on greffera durant la première opération de reconstruction.

Reconstruction du mamelon – greffe du mamelon

On se sert parfois de la peau du sein nouvellement reconstruit pour modeler un mamelon – c'est ce que l'on appelle la greffe du mamelon. Il existe diverses techniques pour ce faire et cette opération est effectuée sous anesthésie locale; vous devriez recevoir votre congé au cours de la même journée.

Un tatouage en forme d'auréole donnera au mamelon un aspect très réaliste.

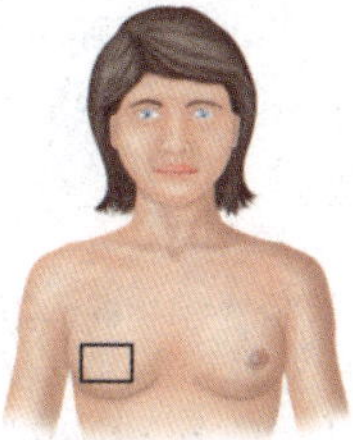

Emplacement

Incision en forme d'aile de chauve-souris

1. On trace le contour sur la peau.

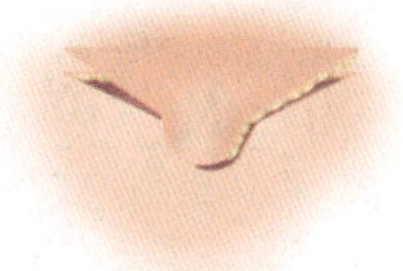

2. Les trois pointes de l'aile sont découpées.

3. Les deux pointes latérales sont repliées sur la troisième et recousues ensemble de façon à former une saillie cylindrique. La peau qui entoure le nouveau mamelon est recousue.

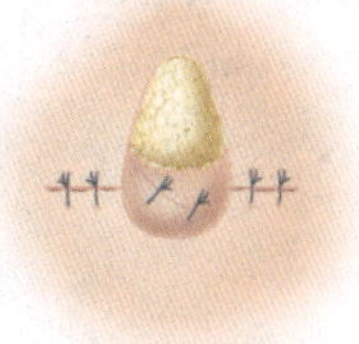

4. La pointe centrale devient le mamelon, un segment protubérant dont la forme assure la stabilité.

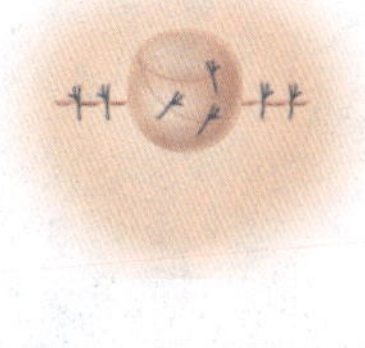

Un mamelon reconstruit est habituellement créé à partir de la peau du sein reconstruit. Une fois en place, le nouveau mamelon mettra environ six à huit semaines à guérir, avant qu'il soit possible de tatouer la région de l'aréole d'une couleur qui s'apparente à celle du mamelon du sein normal. Le tatouage du mamelon et de l'aréole, la région qui l'entoure, est indolore et donne un résultat très réaliste.

Il est important d'être réaliste à propos de la reconstruction du mamelon. Le nouveau mamelon ne se comportera jamais comme l'autre mamelon et ne sera la source d'aucune sensation.

Il est relativement difficile de reconstruire de gros mamelons; si vous avez un mamelon assez gros, il est possible de prendre une partie du mamelon normal et de la transférer sur l'autre sein.

Prothèses de mamelon

Une autre possibilité est de porter un mamelon adhésif. Parlez-en à votre infirmière.

Il est possible de faire un mamelon en silicone spécialement pour vous en prenant un moulage de votre autre mamelon. Ce qui vous assure que le mamelon reproduit ressemblera à votre autre mamelon en ce qui a trait à la forme et à la couleur.

POINTS CLÉS

- Chez la plupart des femmes, il est possible de reconstruire le sein après une mastectomie.
- Cela peut se faire en même temps que la mastectomie ou plus tard.
- La reconstruction du sein nécessite des implants mammaires et (ou) des lambeaux de peau et de muscle provenant d'autres régions du corps.
- La reconstruction du sein n'est pas une mince affaire; vous vous devez d'avoir des attentes réalistes.
- Les femmes atteintes du cancer qui ont de gros seins peuvent, en même temps que leur cancer est retiré, subir une opération visant à diminuer la taille de leurs deux seins – une procédure appelée mammoplastie thérapeutique.

Réaction émotive à l'annonce d'un diagnostic de cancer du sein

Comment un diagnostic peut-il vous affecter ?

N'importe quel problème relatif aux seins, même bénin, est susceptible d'affecter une femme tant psychologiquement que physiquement. Beaucoup de femmes sont sensibles à la forme et à la grosseur de leurs seins; ceux-ci ne représentent-ils pas un aspect important de la sexualité féminine ? Une femme faisant face à n'importe quel problème relatif aux seins pourrait se préoccuper de la réaction de son partenaire ainsi que de sa propre réaction.

Du point de vue de la femme, tout problème relatif aux seins se répercute sur l'estime de soi et peut prendre une importance démesurée. Bien que chaque femme réagisse d'une façon qui lui est propre, il est important de savoir que les inquiétudes face à ces problèmes sont tout à fait normales.

En parler et chercher du soutien

Soutien médical

Les médecins et les infirmières qui sont en contact avec des femmes atteintes de divers problèmes relatifs aux seins sont très conscients des aspects psychologiques inhérents à ces maladies. Habituellement, ils vous demanderont de parler de vos réactions émotionnelles et de vos inquiétudes. Cette approche qui consiste à formuler ce qui vous inquiète et vous trouble est très précieuse.

Certaines personnes trouvent difficile de se confier et ont peut-être l'impression que rien ne peut être fait pour les aider, et que les médecins et les infirmières perdent leur temps à les écouter. Il n'en est rien, et garder pour vous vos inquiétudes ne fait en fin de compte qu'empirer les choses. Quoi qu'il en soit, vos médecins et infirmières devraient vous soutenir et vous conseiller.

Autres sources de soutien

Il existe de nombreux groupes de soutien qui aident les femmes atteintes du cancer du sein, sans parler du soutien qu'on peut trouver auprès des membres de sa famille.

Il est possible de rencontrer des femmes qui vivent la même chose que vous et d'en discuter. Il s'agit, en général, de femmes qui ont eu le cancer du sein et qui s'en sont sorties; elles ont bénéficié d'une formation pour venir en aide aux femmes aux prises avec cette situation.

Lorsqu'une femme de votre entourage ou de votre famille est atteinte d'un cancer du sein, il peut être difficile d'exprimer vos inquiétudes et de trouver un soutien émotionnel pour vous-même.

Il est facile de croire que vous ne devez pas détourner l'attention due à la personne atteinte à votre profit même si vos inquiétudes et vos craintes sont légitimes. Plusieurs des groupes d'entraide offrent ce genre de soutien à des personnes dans votre situation.

POINTS CLÉS

- Les maladies du sein affectent souvent les femmes sur le plan psychologique.
- Ne gardez pas pour vous vos inquiétudes : discutez-en avec les gens qui s'occupent de vous.
- Vous devriez recevoir du soutien de la part de vos médecins et de vos infirmières; plusieurs groupes d'entraide offrent un tel soutien.

Suivi après le traitement

Examens de suivi

Les patientes traitées pour le cancer du sein ont trois grandes raisons de revenir à l'hôpital :

1 Pour détecter un nouveau cancer ou une récidive du cancer le plus tôt possible.

2 Pour identifier et soigner les effets indésirables qui se seront manifestés suite au traitement.

3 Pour un soutien psychologique.

Pour détecter un nouveau cancer ou une récidive du cancer le plus tôt possible

Comme nous l'avons déjà souligné dans ce livre, le dépistage précoce est d'une importance capitale pour traiter efficacement le cancer.

Les risques que le cancer revienne sont, chez la plupart des femmes, extrêmement faibles.

La meilleure méthode pour détecter de nouvelles maladies du sein est de passer des mammographies régulièrement. La plupart des femmes n'ont pas besoin d'examens cliniques réguliers puisque les récidives sont souvent décelées grâce aux mammographies ou par les patientes elles-mêmes.

Pour identifier et soigner les effets indésirables qui se seront manifestés suite au traitement

Ce qui inclut les effets indésirables des médicaments, mais aussi les complications liées à l'opération comme une disparité entre les deux seins après une chirurgie mammaire conservatrice ou des problèmes relatifs aux cicatrices suite à une mastectomie.

D'autres problèmes peuvent se manifester, comme l'enflure d'un bras (lymphœdème) qui se manifeste chez 1 patiente sur 20 qui a subi une ablation des ganglions.

Pour un soutien psychologique

Le soutien psychologique est nécessaire parce qu'il arrive souvent que les femmes sont déprimées ou anxieuses durant les premières années qui suivent un diagnostic de cancer du sein.

Les infirmières jouent un rôle de soutien très important durant et après votre traitement. N'hésitez pas à communiquer avec elles si vous éprouvez un problème physique ou psychologique.

Un soutien constant

De nos jours, les risques de récidive du cancer n'ont jamais été aussi faibles. Bien que vous devrez revoir votre médecin de façon régulière les deux premières années suivant votre cancer, les risques qu'il revienne sont à peu près inexistants. Après un an ou deux, les rendez-vous à la clinique seront remplacés par des mammographies régulières.

Il est important que vous soyez attentive à tout changement anormal et, si tel est le cas, que vous en parliez aussitôt que possible à votre médecin. Chaque année, vous devrez passer une mammographie – le meilleur moyen de détecter les problèmes de façon précoce.

Vous n'aurez plus à passer régulièrement des radiographies ou des scanners pour déceler un cancer ailleurs dans l'organisme, car cela n'en vaut pas la peine puisqu'il y a très peu de chances de détecter une nouvelle maladie.

Lors de vos rendez-vous à la clinique ou à l'hôpital, vous devez rapporter tous les problèmes que vous éprouvez, y compris les effets indésirables des médicaments que vous prenez.

On vous demandera comment vous vous portez sur le plan émotionnel; il est important que vous répondiez avec honnêteté en faisant part de vos inquiétudes et anxiétés à vos médecins et infirmières.

Vous devrez passer des mammographies régulièrement pour le reste de votre vie, même si vous ne fréquentez pas une clinique du sein. Les hormonothérapies pour le cancer du sein peuvent se poursuivre au-delà de 10 ans. Si vous suivez un traitement prolongé, vous devrez passer des scanners pour détecter toute trace d'ostéoporose. Vos médecins et vos infirmières spécialisées se chargeront d'organiser ces examens.

Glossaire

Voici une liste de termes qui sont utilisés tout au long de cet ouvrage ou que vous pourriez entendre durant votre traitement.

ADN : Acide désoxyribonucléique – matériau contenant le code génétique.

Adénocarcinome : Cancer qui se développe dans une glande et qui produit des tissus similaires aux tissus mammaires. Ce terme n'est pas d'usage courant mais pourrait apparaître sur votre rapport de pathologie.

Aménorrhée : L'absence ou l'arrêt des menstruations.

Anorexie : Perte d'appétit.

Antagonistes de la LHRH : Médicament qui mime l'effet de la substance libératrice de l'hormone lutéotrope (LHRH) et qui provoque une réduction de la production d'estrogène par les ovaires.

Anthracyclines : Groupe de médicaments utilisés en chimiothérapie, incluant la Doxorubicine (Adriamycin) et l'épirubicine.

Ce sont les médicaments dont on se sert le plus dans les cas de cancer du sein. La mitoxantrone est un autre type d'anthracycline qui est parfois utilisée pour soigner le cancer du sein.

Aréole : Région pigmentée qui entoure le mamelon.

Aromatase : Enzyme qui convertit les hormones masculines en estrogène.

Aspiration : Retrait des liquides ou de cellules à partir d'une accumulation de liquide comme un kyste ou une bosse dans le sein.

Asymétrie : Disparité dans l'aspect des deux côtés du corps en parlant habituellement des seins.

Axillaire : Qui se rapporte à l'aisselle.

Ballon gonflable : Implant gonflable.

Bénin : Non cancéreux.

Bilan d'extension : Batterie de tests pour déterminer l'étendue du cancer.

Bilatéral : Des deux côtés du corps.

Biopsie : Prélèvement de tissus qui seront ensuite examinés sous microscope pour déterminer la cause d'une bosse.

Biopsie du ganglion sentinelle : Retrait d'un ou de plusieurs ganglions qui sont les premiers à drainer le sein.

Calcification : Petits dépôts de calcium dans le sein qu'on peut voir sur les mammographies.

Cancer : Croissance incontrôlée de tissus anormaux. Les cellules cancéreuses envahissent les tissus environnants et peuvent aussi se propager à d'autres régions du corps par les systèmes vasculaire et lymphatique.

Cancer du sein avancé : Cancer qui s'est propagé (métastases) à d'autres parties du corps par la circulation sanguine.

Cancer infiltrant : Cancer qui envahit les tissus environnants.

Cancer inflammatoire du sein : Forme rare du cancer du sein qui se caractérise par le blocage des canaux lymphatiques sous la peau du sein par les cellules cancéreuses. Le sein enfle, devient rouge et chaud et la peau du sein prend l'apparence grêlée et ravinée d'une peau d'orange.

Cancer intracanalaire : C'est la même chose que le CCIS, c'est-à-dire un cancer non invasif dans les canaux et le lobule du sein.

Cancer invasif : Les cancers invasifs ont la capacité de se propager au-delà des lobules et des canaux où ils ont pris naissance, aux tissus mammaires environnants. Ils peuvent aussi migrer dans d'autres parties de l'organisme.

Cancer localement avancé du sein : Cancer d'une taille importante et qui s'étend à la peau ou aux muscles de la paroi thoracique, mais qui ne s'est pas forcément propagé ailleurs.

Capsule : Tissu fibreux qui se forme autour de corps étrangers comme un implant mammaire.

Carcinome canalaire *in situ* (CCIS) : Cancer non invasif qui prend naissance dans l'unité terminale ductolobulaire du sein.

Carcinome lobulaire *in situ* (CLIS) : Cellules anormales qui remplissent et qui se développent dans l'unité terminale du canal lobulaire. Il s'agit de cellules rondes; les CLIS diffèrent des CCIS sous le microscope.

Cellulite : Infection cutanée ou sous-cutanée de la région mammaire.

Chimiothérapie : Traitement médicamenteux visant à détruire les cellules cancéreuses.

Chimiothérapie combinée : La chimiothérapie combinée comprend plusieurs médicaments contrairement à la chimiothérapie à un seul médicament.

Chirurgie mammaire conservatrice : Intervention chirurgicale consistant à retirer les cellules cancéreuses ainsi que du tissu sain environnant la tumeur de façon à maintenir la forme du sein.

Conduits : Tubes qui relient le lobule du sein au mamelon ou qui drainent les liquides d'une partie du corps à une autre, comme du sein aux ganglions par exemple.

Contracture capsulaire : Contraction de la capsule fibreuse qui se forme autour d'un implant, en le rendant dur au toucher et en modifiant sa forme.

Curage axillaire : Retrait de tous les nœuds lymphatiques du creux de l'aisselle.

Cycle menstruel : Changements hormonaux qui prennent place tous les mois.

Cytologie : Étude sous microscope, par un pathologiste ou un cytologiste, des cellules mammaires prélevées par aiguille.

Dépistage : Identification de la maladie à un stade très précoce, avant que les symptômes ne se manifestent.

Dissection axillaire : Retrait de certains ou de tous les ganglions du creux de l'aisselle.

Drain : Tube placé à la fin d'une intervention chirurgicale visant à éliminer les liquides qui s'accumulent sous la plaie.

Échantillonnage axillaire : Retrait de quelques ganglions (en général, quatre) de l'aisselle.

Effets secondaires : Effets indésirables d'un traitement.

EGF2 : Chez l'homme, il y a quatre récepteurs de facteur de croissance épidermique. Le EGF2 est le deuxième qui a été identifié et, dans 15 à 20 % des cancers, il y a plus de protéines EGF2 à la surface des cellules cancéreuses que sur celle des cellules mammaires normales, ce qui est la cause d'une croissance plus rapide des cellules cancéreuses. Cette protéine EGF2 peut être traitée par le médicament que l'on appelle le trastuzumab (Herceptin).

Endocrinothérapie : Médicaments qui entravent l'action des hormones et que l'on utilise pour soigner le cancer du sein.

Essais cliniques : Études auxquelles participent des patients. Ces études sont conçues pour trouver de nouveaux moyens de prévenir, dépister et soigner le cancer.

Excision large: Ablation chirurgicale d'une tumeur avec une marge de tissu normal entourant la tumeur.

Facteur de risque : Quelque chose qui augmente les chances de souffrir d'une maladie donnée.

Ganglions axillaires : Nœuds lymphatiques situés dans l'aisselle et qui drainent la lymphe du sein.

Ganglion sentinelle du sein : Représente le premier relais d'une chaîne lymphatique, le premier ganglion drainant le sein. Il est habituellement situé dans la partie inférieure de l'aisselle. Il y a en moyenne trois ganglions sentinelles.

Gène : Séquence d'ADN requise pour produire une protéine particulière.

Gène BRCA1 : Premier gène identifié comme étant lié au cancer du sein; des anormalités de ce gène sont liées au cancer du sein dans certaines familles. Les femmes qui ont un gène BRCA1 anormal sont aussi plus susceptibles de développer le cancer des ovaires.

Gène BRCA2 : Les anormalités de ce gène ont été liées au cancer du sein dans certaines familles. Les femmes qui ont un gène BRCA2 anormal ont aussi plus de risques de développer le cancer des ovaires. Les hommes qui ont un gène BRCA2 anormal ont aussi plus de risques de développer le cancer du sein.

Gène p53 : Gène qui participe à la croissance des cellules. Un gène p53 anormal peut provoquer l'apparition de cancers multiples dont le cancer du sein. Lorsque cela se produit, on parle alors d'un syndrome rare qui s'appelle le syndrome de Li-Fraumeni.

Grade : Terme qui décrit le degré de ressemblance d'un cancer aux tissus normaux du même type ainsi que son taux de croissance. Les cancers de grade 1 ressemblent étroitement aux tissus normaux, tandis que les cancers de grade 3 ne ressemblent plus aux tissus normaux et ont une croissance plus rapide.

Gynécomastie : Hypertrophie des seins chez l'homme.

Hématome : Accumulation de sang sous la peau.

Hémorragie : Saignement.

Herceptin : Médicament qui porte aussi le nom de trastuzumab et qui est efficace contre les cancers qui sont EGF2 positifs.

Hyperplasie atypique : Cellules anormales dans le lobule du sein qui ont proliféré et provoqué une augmentation de la taille du lobule sans toutefois remplir tous les espaces libres dans ce lobule; ce que l'on qualifie aujourd'hui de néoplasie lobulaire.

Hormone : Substance chimique produite par les glandes transportée par le système sanguin et qui affecte les organes.

Hormonothérapie de substitution : Médicaments qui contiennent de l'estrogène avec ou sans substance semblable à la progestérone et qui sont utilisés pour traiter les symptômes de la ménopause.

Hormonothérapie : Traitement du cancer par le retrait, le blocage ou l'ajout d'hormones.

Hyperplasie : Augmentation du nombre de cellules normales dans un tissu.

Hystérectomie : Intervention chirurgicale qui consiste à enlever l'utérus et le col de l'utérus.

Imagerie : Radiographies et échographies dont on se sert pour produire des images de certaines parties du corps.

Imagerie par résonance magnétique (IRM) :
Technique utilisant des aimants très puissants branchés à un ordinateur pour créer des images détaillées de l'intérieur du corps.

Implant : On s'en sert pour reconstruire le sein et ils sont habituellement remplis de gel de silicone et parfois d'eau salée.

Infertilité : Incapacité à engendrer.

***In situ* :** Ces cancers ne se propagent pas au-delà des tissus qui les ont vu naître. Un carcinome canalaire *in situ* se limite donc à l'unité terminale ducto-lobulaire et aux canaux de drainage.

Intracanalaire : À l'intérieur d'un canal ou conduit.

Intraveineuse : Injection dans une veine.

Inhibiteurs de l'aromatase : Médicaments qui bloquent l'enzyme de l'aromatase et la production de l'estrogène. Efficace chez les femmes ménopausées seulement.

Invasion lymphovasculaire : Cellules cancéreuses qui se sont propagées aux canaux lymphatiques ou aux vaisseaux sanguins.

Kyste : Accumulation de liquide dans le sein que l'on observe généralement à la ménopause.

Lambeau : Portion de tissus qui est déplacée d'une partie du corps pour être greffée ailleurs sur le corps.

Lambeau DIEP : Vaisseaux épigastriques inférieurs profonds utilisés pour la reconstruction mammaire.

Lambeau libre : Lambeau prélevé et coupé de son réseau vasculaire pour être greffé ailleurs sur le corps et rebranché à de nouveaux vaisseaux sanguins.

Lambeau pédiculé : Lambeau de tissus, le plus souvent de la peau, du muscle et du gras, qui demeure attaché à son réseau vasculaire et qui est transféré à une autre partie du corps. On utilise régulièrement les lambeaux pédiculés pour la reconstruction mammaire.

Lambeau TRAM : Cette technique utilise le grand droit abdominal pour la reconstruction du sein.

Local : Qui affecte le sein et la région attenante.

Lymphe : Liquide transparent qui voyage à travers le système lymphatique pour rejoindre les ganglions. La lymphe peut transporter des cellules cancéreuses dans les ganglions.

Lymphœdème : Accumulation de liquide dans les tissus causant de l'enflure. Le lymphœdème affecte tant les bras que les jambes.

Maladie de Hodgkin : Type de cancer qui implique les nœuds lymphatiques.

Maladie multifocale : Maladie ayant plus d'un foyer dans le sein, mais les foyers sont localisés les uns près des autres.

Maligne : Se dit d'une tumeur qui est capable de se propager à d'autres parties du corps.

Mammographie : Utilisation des rayons X pour créer une image du sein.

Marge saine : Anneau de tissu normal qui entoure le cancer et qui est essentiel lorsque l'on effectue une chirurgie mammaire conservatrice.

Mastectomie : Ablation chirurgicale complète du sein.

Mastectomie bilatérale préventive : Ablation chirurgicale des deux seins pour minimiser les risques de développer le cancer du sein.

Mastopexie : Chirurgie visant à relever le sein.

Médicaments anti-inflammatoires : On les utilise pour traiter les douleurs au sein et aux os ainsi que les foyers d'inflammation; le paracétamol et l'ibuprofène en font partie.

Ménarche : Apparition des premières règles chez une jeune fille.

Ménopause : Disparition des règles chez une femme.

Métastase : Propagation du cancer à d'autres parties du corps. Les cancers du sein font habituellement des métastases aux poumons, au foie, aux os ou au cerveau.

Microcalcification : Léger dépôt de calcium dans le sein indétectable à la palpation, mais qui apparaît aussi sur les mammographies. Un amas de microcalcifications peut indiquer la présence d'un cancer.

Micrométastase : Très petit groupe de cellules cancéreuses qui ont migré dans une autre partie du corps comme dans les nœuds lymphatiques.

Muscle grand droit dorsal : Muscle assez long et large situé sous la peau du haut du dos.

Néoplasie lobulaire : Terme pour désigner les deux affections connues jadis sous le nom de carcinome lobulaire *in situ* et hyperplasie lobulaire atypique.

Néoplasme : Prolifération pathologique de tissus; le néoplasme peut être bénin ou malin.

Nœuds lymphatiques : Petits et en forme de fève, ils sont situés de part et d'autre des canaux du système lymphatique. Les nœuds lymphatiques contiennent des cellules spéciales qui combattent les bactéries et peuvent être affectés par les cellules cancéreuses. Des amas de ganglions sont présents au creux des aisselles, sous le sternum, dans les plis de l'aine, le cou, la poitrine et l'abdomen.

Nœuds mammaires internes : Ganglions qui se trouvent derrière le sternum.

Oncologie : Étude du cancer.

Oncologue : Médecin spécialisé dans le traitement du cancer. Certains oncologues se spécialisent dans un traitement particulier du cancer comme les oncologues médicaux ou cliniciens.

Oncologue médical : Spécialiste du traitement du cancer au moyen des médicaments.

Ostéoporose : Diminution de la masse osseuse due à l'âge ou à un effet indésirable d'un traitement médical qui abaisse le taux d'estrogène dans le sang.

Palliation : Se dit d'une activité qui vise à soulager un symptôme sans s'attaquer à la cause.

Pathologiste : Spécialiste du diagnostic d'une maladie au moyen d'un microscope.

Ponction-biopsie : Prélèvement d'une partie infime du tissu mammaire au moyen d'une aiguille fine.

Port d'extension/implant : Réservoir attaché à un ballon gonflable pour permettre l'injection d'une solution saline.

Précancéreux : Terme qui décrit un état qui survient avant que le cancer ne se développe.

Progestérone : Une des deux hormones femelles; l'autre est l'estrogène.

Pronostic : Issue probable d'une maladie.

Prothèse : Dispositif implanté dans l'organisme pour suppléer un organe manquant ou pour restaurer une fonction compromise.

Radioactif : Qui émet des radiations.

Radiologiste : Médecin spécialiste de l'imagerie et de l'interprétation de ces images des régions internes du corps. Ces images sont produites grâce aux rayons X, aux sons et autres types d'énergie comme le magnétisme.

Radiothérapie : Traitement au moyen de rayons X très puissants pour détruire les cellules cancéreuses.

Rayons X : Radiation de haute énergie utilisée à faibles doses pour diagnostiquer des maladies et à fortes doses, pour soigner les cancers.

Rechute : Retour des signes et symptômes de la maladie après un traitement apparemment réussi.

Reconstruction mammaire : Intervention chirurgicale consistant à remodeler le sein en vue de le rendre le plus semblable possible à l'autre sein.

Récurrence : Cancer qui récidive ou qui se remet à croître soit dans la même région du site initial de la chirurgie (récurrence locale), soit quelque part ailleurs dans le corps (récurrence systémique).

Rémission : Disparition temporaire des signes et symptômes de la maladie.

Repérage stéréotaxique : Sert à localiser avec précision une lésion en se servant de deux rayons X à partir de deux angles différents; il s'agit le plus souvent d'une lésion dont il est impossible de faire une biopsie à cause de son emplacement. Le repérage stéréotaxique sert aussi à installer un « fil » dans le sein pour guider le chirurgien lorsqu'il doit exciser une région de calcifications ou d'autres anomalies.

Sérum : Accumulation de liquide sous la peau.

Scanner des os : Examen pour détecter le cancer des os.

Silicone : Matériau synthétique utilisé pour remplir les implants mammaires.

Soins multidisciplinaires : Soins accordés à un patient par une équipe médicale comprenant en général un chirurgien, des oncologues, des radiologistes et des pathologistes.

Soins palliatifs : Soins qui ne changent pas le cours de la maladie, mais qui augmentent la qualité de vie du patient.

Stade : Étendue du cancer dans l'organisme.

Suppression ou ablation des ovaires : Suppression de la production d'estrogène par les ovaires ou ablation des ovaires.

Supraclaviculaire : Région au-dessus des clavicules, en parlant en général des ganglions qui se trouvent à cet endroit.

Tamoxifène : Médicament qui bloque les récepteurs d'estrogène que l'on trouve à la surface des cellules normales et cancéreuses du sein.

Technicien en radiographie : Personne formée pour prendre des radiographies.

Technique oncoplastique : Technique chirurgicale qui allie les spécialités de la chirurgie oncologique pour exciser le cancer (onco) et de la chirurgie plastique pour reconstruire après l'ablation du cancer (plastique).

Test récepteur d'hormone : Test pour mesurer la quantité de protéines sur les récepteurs d'hormone dans les tissus cancéreux du sein. Un taux élevé de récepteurs d'hormone signifie que les hormones contribuent à la croissance du cancer et donc qu'un retrait ou un blocage des hormones est susceptible d'entraver sa croissance.

Thérapie locale : Traitement visant à traiter le cancer du sein et la région avoisinante.

Thérapie néoadjuvante : Traitements médicamenteux préopératoires.

Thérapie systémique : Traitement qui consiste à administrer des médicaments qui circulent à travers le flot sanguin pour atteindre toutes les cellules du corps.

Tomodensitogramme : Type de rayons X assistés par ordinateur dont on se sert pour produire des images détaillées. Particulièrement utile pour déceler la présence de cellules cancéreuses dans le foie, les os et le cerveau.

Traitement adjuvant : Traitement donné après la chirurgie et (ou) la radiothérapie pour réduire les risques de récidive du cancer; sont inclus les traitements comme la chimiothérapie ou l'hormonothérapie qui affectent l'organisme au complet.

Traitement multimodal : Utilisation de plusieurs traitements pour le cancer du sein comme la chirurgie, la radiothérapie et les médicaments.

Tumeur controlatérale : Cancer dans le sein opposé à celui affecté par le cancer du sein.

Tumeur multicentrique : Plus d'une tumeur dans le même sein, mais à une bonne distance les unes des autres.

Tumorectomie : Ablation du cancer avec un anneau de tissu normal.

Ultrasonographie : l'ultrasonographie se sert des ultrasons qui rebondissent sur les tissus et dont les échos sont convertis en image.

Unité terminale du canal lobulaire : Partie où se situe la production du lait maternel et où le cancer du sein commence à se développer.

Rendez-vous pour soins de santé

Nom :

Endroit :

Date :

Heure :

Tél. :

Nom :

Endroit :

Date :

Heure :

Tél. :

Nom :

Endroit :

Date :

Heure :

Tél. :

Nom :

Endroit :

Date :

Heure :

Tél. :

Rendez-vous pour soins de santé

Nom :

Endroit :

Date :

Heure :

Tél. :

Nom :

Endroit :

Date :

Heure :

Tél. :

Nom :

Endroit :

Date :

Heure :

Tél. :

Nom :

Endroit :

Date :

Heure :

Tél. :

Médicament(s) actuellement prescrit(s) par votre médecin

Nom du médicament :

Raison :

Dose et fréquence :

Début de l'ordonnance :

Fin de l'ordonnance :

Nom du médicament :

Raison :

Dose et fréquence :

Début de l'ordonnance :

Fin de l'ordonnance :

Nom du médicament :

Raison :

Dose et fréquence :

Début de l'ordonnance :

Fin de l'ordonnance :

Nom du médicament :

Raison :

Dose et fréquence :

Début de l'ordonnance :

Fin de l'ordonnance :

Autres médicaments ou suppléments que vous prenez sans une ordonnance de votre médecin

Nom du médicament ou traitement :

Raison :

Dose et fréquence :

Début de la prise :

Fin de la prise :

Nom du médicament ou traitement :

Raison :

Dose et fréquence :

Début de la prise :

Fin de la prise :

Nom du médicament ou traitement :

Raison :

Dose et fréquence :

Début de la prise :

Fin de la prise :

Nom du médicament ou traitement :

Raison :

Dose et fréquence :

Début de la prise :

Fin de la prise :

Questions à poser lors des prochains rendez-vous

Questions à poser lors des prochains rendez-vous

Notes

Notes

Notes